"Etiqueta es ser consciente
de los sentimientos del otro.
Si se tiene esta sensibilidad,
se tienen buenas maneras,
no importa qué tenedor se use".
EMILY POST

A Matilde Gómez por prestarnos a su mamá y a todas las niñas que nos escriben y cuyas sugerencias han inspirado en gran medida el contenido de este libro.

¡Síganos visitando! www.cosasdeninas.com

COSAS DE NIÑAS

¡CÓMO NO METER LA PATA!

Textos: María Villegas y Jennie Kent Ilustración: Caterina Arango

Villegas editores

¿De qué se trata?

Gracias a las buenas maneras podemos vivir en armonía. Sería ideal que todos naciéramos con ese *chip*, pero no es así. Hay cosas que debemos aprender y, como en todo, la práctica hace al maestro.

Aunque hayas sido educada para decir siempre "por favor" y "gracias", la etiqueta abarca mucho más. Al aplicarla verás que la educación y la cordialidad pueden abrirte muchas puertas.

Las normas de la interacción social han ido surgiendo según las necesidades de las distintas culturas y de lo que en su momento se ha considerado adecuado. Saber cómo comportarte en cada oportunidad te dará mayor seguridad y te permitirá lucirte siempre.

Sin embargo, recuerda que la etiqueta es un arte, no una ciencia. Cada situación es única y exige un comportamiento diferente por ello a veces te podrás despistar. Esta guía, que no pretende ser la última palabra, podrá darte una mano. Junto con tu sentido común, te ayudará a tomar las decisiones correctas y a no meter la pata.

En la época de los cavernícolas ya existían normas claras de conducta.

El primer tratado de etiqueta data del año 2400 a. C. en Egipto.

¿Sabías que la costumbre de brindar viene de la Grecia antigua, cuando las personas temían ser envenenadas por sus enemigos? El brindis se hacía de forma tal que las copas chocaran y el vino de cada una cayera en la otra. Si alguno había puesto veneno en la copa del otro, recibía su merecido.

En Venecia, una princesa turca del siglo XI usó por primera vez el tenedor y la miraron como si estuviera loca.

El apretón de manos se lo inventaron los caballeros para mostrar que eran amigos y que no llevaban armas ocultas.

Luis XIV, el Rey Sol, llenó sus palacios de "etiquetas" sobre cómo comportarse en su corte, y de allí surgió el término "etiqueta".

Las niñas de Cosas de Niñas escribieron una guía para que las señoritas modernas no metan la pata.

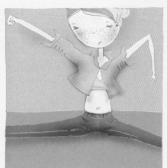

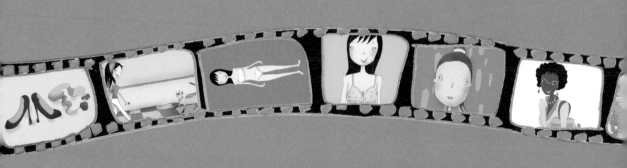

JULIANA

LA MAGIA DE LA IMAGEN

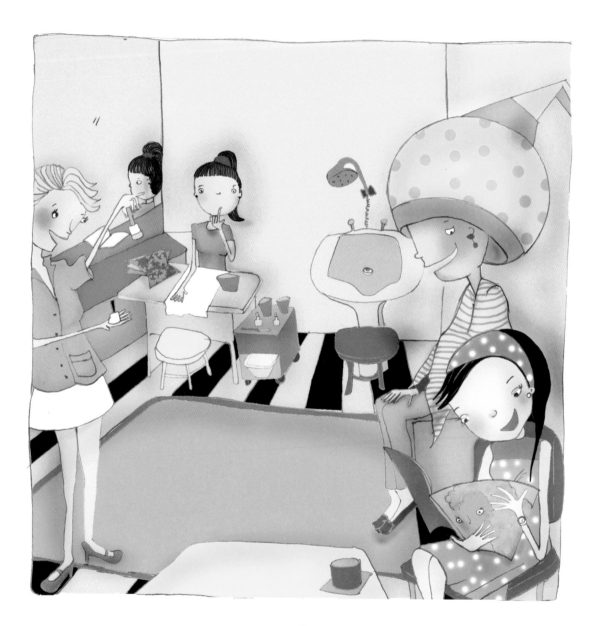

ASÍ ME VEN

La imagen que uno proyecta es muy importante. Es como una carta de presentación. Es la primera impresión que los demás tienen de uno. Aunque, desafortunadamente, esto no siempre es justo, la realidad es que la gente tiende a juzgar por lo exterior, antes de conocer la esencia de las personas. Pero, además, verse bien es sentirse bien. Casi siempre nuestra imagen es reflejo de lo que está ocurriendo en nuestro interior.

Más allá de la postura

¡El efecto "camello" no es nada atractivo en las personas! Una buena postura, además de denotar seguridad, te hace sentir mejor y lucir más *chic*. Una mala postura, por el contrario, puede interferir con el buen funcionamiento de algunos órganos del cuerpo, alterar la buena respiración, producir dolores de espalda o cuello, hacerte ver débil y cansada y afectar tu buena imagen.

El yoga es un excelente ejercicio para mejorar la postura porque estimula la flexibilidad y fortalece los músculos que soportan la columna vertebral.

Qué tan buena postura tienes

Párate frente a un espejo

1. ¿Cómo está tu cabeza?

a. Inclinada hacia algún lado

b. Centrada

c. Inclinada hacia delante

2. ¿Cómo están tus hombros?

a. Caídos hacia delante

b. Relajados hacia abajo

c. Echados hacia atrás

3. ¿Cómo están tus caderas?

a. Desplazadas hacia alguno de los lados

b. Alineadas con la espalda

c. Echadas hacia delante, como metiendo la cola

4. ¿En qué posición están tus pies?

a. Con los dedos hacia afuera

b. Paralelos

c. Con los dedos hacia adentro

Si contestaste "b" en todas las preguntas: ¡felicitaciones! Tienes una buena postura para iniciar.

Si marcaste alguna diferente a "b", revisa tu postura y corrige lo que estás haciendo mal.

Al estilo princesa

Una princesa jamás se joroba, ni se sienta con las piernas abiertas o cruzadas en público.

Siéntate apoyando toda la planta del pie en el piso y manteniendo los muslos paralelos.

Mantén la espalda recta, sin recostarla en el espaldar.

Camina, apoyando primero el talón y luego la planta del pie, asegurándote de que los dedos de los pies apunten siempre hacia delante. Da pasos cortos y delicados, y ¡mantén siempre la barriga adentro!

Regla de oro: mantén siempre la espalda recta.

Si tienes una cámara de video a la mano, júntate con algunas amigas y jueguen a filmarse caminando, para verse "en acción" y poder identificar los errores fácilmente.

No solo es de mala educación agacharse doblando la cintura y sacando la cola, sino que es malo para la postura.

Cuando quieras agacharte, hazlo doblando las rodillas y manteniendo la espalda recta.

Un porte para descrestar

La mejor manera de lograr una buena postura y de fortalecer los músculos que se hayan debilitado por los malos hábitos, es ejercitándolos constantemente.

Practica, por ejemplo, caminar con un libro en la cabeza, girándola de un lado a otro. Si el libro no se cae, tu postura es adecuada. De lo contrario sigue intentando.

¡Barriga plana y espalda sana!

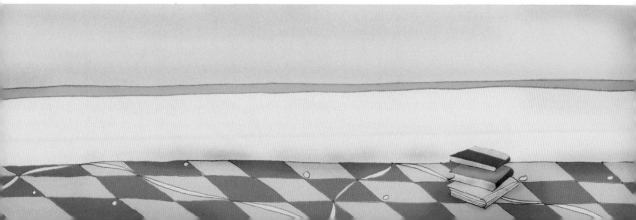 Acostada, con las rodillas dobladas y las manos detrás de la cabeza, levanta el tronco del piso haciendo fuerza en los abdominales, no en el cuello, los brazos o la cabeza. Repite despacio 10 veces.

Boca abajo, con las piernas estiradas y los brazos hacia arriba, levanta despacio el brazo derecho y el pie izquierdo a 20 cm del suelo, por 5 segundos. Alterna con la otra pierna y el otro brazo. Repite 10 veces de cada lado.

¿Te despertaste tiesa y adolorida? Tal vez dormiste tronchada. Evítalo, durmiendo boca arriba —con una almohada bajo el cuello y otra bajo las rodillas— o de lado con una almohada bajo el cuello y otra entre las rodillas. Debes sentirte cómoda, no uses almohadas demasiado grandes para ti.

Pulcras ante todo

La buena higiene es de cortesía común. El pelo, la piel y las uñas deben estar siempre limpios y presentables. ¡Los malos olores son sencillamente inaceptables! Si sospechas que tienes mal aliento, usa un buen enjuague bucal o chúpate una menta.

Si quieres perfumarte, no te eches un frasco entero, usa la loción o el *splash* con moderación. Demasiado perfume es repugnante, además de una invasión al espacio de los otros.

El pelo mojado no ayuda a una apariencia pulida. Sécatelo antes de salir de casa. Si no tienes tiempo, moldéalo con gel o espuma o agárratelo en una sencilla cola de caballo.

Aunque las funciones del cuerpo son del todo normales, pueden resultar embarazosas en el lugar o el momento equivocados. Si accidentalmente se te sale un pedo o un eructo, discúlpate. Si tienes que estornudar o toser, cúbrete la nariz o la boca y luego excúsate. Nunca te suenes en la mesa, hazlo en el baño u otro lugar.

Agregados corporales

Antes de tomar la decisión de tatuarte o hacerte un *piercing*, ten en cuenta que esto solo está legalmente permitido para mayores de edad y que, además, hay muchos prejuicios al respecto que a menudo les quitan injustamente oportunidades a las personas que los llevan en lugares muy visibles.

¡Exceso de etiquetas!

Las modas vienen y van, pero nunca será de buen gusto mostrar a propósito la marca de la ropa y de los accesorios. Hay quienes creen que exhibir las marcas conocidas los hace más distinguidos; pero la verdad es que el efecto es todo lo contrario. No debes convertirte en una pancarta de los diseñadores. Recuerda que lo importante es que la ropa sea apropiada, cómoda y te quede bien.

Prendas, trapos, chiros

Con tanta opción de ropa, la escogencia es a veces difícil. Trata de no exagerar el tema ni de convertirte en esclava de la moda.

Escoge ropa que resalte tu figura, tu colorido, te haga sentir bien y que sea de tu talla.

Tu ropa no debe ser tan apretada que te saque gorditos o muestre lo innecesario. La talla que trae la etiqueta es lo de menos, lo que importa es que la sientas cómoda.

Usa ropa en buen estado. Deja las prendas raídas y manchadas para actividades informales en las que no necesites ropa buena.

Ponte tu pinta en la casa un rato antes de salir, para estar segura de que la sientes cómoda y de que no necesitas estarla ajustando. No es femenino ni de buen gusto sacarse los calzones que se te meten entre la cola, delante los demás.

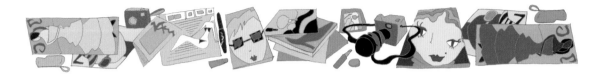

¿Moda o estilo?

No es lo mismo estar a la moda que tener estilo propio, pero cualquiera de los dos te puede sentar bien. Descubre hacia cuál te inclinas. Encierra en un círculo el ícono de la respuesta más cercana a tu personalidad.

1. Cuando ves una actriz de cine en una revista, ¿haces lo posible por copiar su *look* o admiras la manera como se viste, pero jamás te pondrías algo semejante por considerar que no te sienta?

 Copias el *look*
No te lo pondrías

2. Te invitan a una fiesta. ¿Llamas a tus amigas para ponerse de acuerdo o prefieres ir diferente?

 Llamas a tus amigas
Prefieres ir diferente

3. Todas las niñas están usando faldas con colas de animales. ¿Si encuentras una de leopardo rosado que nadie más tiene, la compras feliz o sientes que el día a día no es una fiesta de disfraces y prefieres seguirte vistiendo como siempre?

 Te pones la falda
Sigues como siempre

4. Ganas un concurso de talento y debes escoger entre dos premios: ir a un desfile de modas en el que 5 grandes diseñadores presentan sus últimas novedades o visitar el museo de historia de la moda donde tendrás acceso a los roperos de las mujeres más representativas de la moda en todos los tiempos.

　Escoges el desfile
　Eliges el museo

Mira tus respuestas.

Si sacaste más 🤠, para ti es básico estar a la moda, no importa si es cómoda, incómoda o de todo tu gusto. Vives pendiente de las nuevas tendencias y si pudieras serías la primera en tener "lo último", pero también te gusta encajar con el resto del grupo.

Si sacaste más 👗, te atrae más tener tu propio estilo que estar a la última moda. Te encanta crear tus propios *looks*, de acuerdo a tu cuerpo, tu edad y tu comodidad. Sabes cómo incorporar la moda a tu estilo, sin que ésta dicte la última palabra.

Creatividad en la moda

Crear un estilo propio no es tan fácil como ponerse un atuendo nuevo. Debes estar dispuesta a dedicarle un poquito de tiempo para verte y sentirte bien. Escoge una pinta de acuerdo con la ocasión y que te haga sentir cómoda y segura. Tu imagen habla por tí, así que elige algo acorde con tu personalidad.

"El mejor color del mundo es el que se te vea bien".
Coco Chanel

"Siempre quise bailar ballet, pero lo que en verdad me interesaba era poder ponerme un tutú". Elle Macpherson

Para una imagen distinguida

Usa siempre ropa limpia, sin arrugas, manchas o hilos sueltos.

Conserva tu pelo limpio y desenredado y las uñas arregladas.

Trata de oler siempre bien, mantener un aliento fresco y tener los dientes limpios.

Mantén una buena postura.

Relájate y recibe la vida con una sonrisa.

SACHETS DE LA FEMINIDAD

Los *sachets* son bolsitas de tela rellenas de popurrí que se cierran con una cinta. Se suelen poner en los cajones del clóset o entre la ropa para que huela rico.

Necesitas: tela, tul o gasa; cinta delgada; tijeras y popurrí.

Corta un poco de tela, tul o gasa, en cuadrados de 15 cm de lado. Echa una cucharada de popurrí en el centro, levanta los bordes y amarra el relleno con una cinta.

La moda no incomoda

Algunos eventos exigen ropa especial y nadie quiere sentirse como pez fuera del agua. Si no estás segura de lo que debes usar, ni tienes una amiga convidada que te ayude a decidir, guíate por la invitación. Si es una fiesta con tema específico, sigue las indicaciones. Por ejemplo, si se trata de una fiesta de damas antiguas, vístete así. Si no hay tema alguno, piensa que cuanto menos indicaciones den, más informal puedes ir.

Esta es una guía general:

Informal: es la ropa de estar con los amigos. No es para fiestas, a menos que los anfitriones así lo especifiquen con anticipación.

Traje de calle: esta categoría cubre la mayor parte de las invitaciones. Todo lo que tienes que hacer es verte bien arreglada, ya sea con vestido, falda o pantalones y un lindo *top*.

Traje formal: generalmente se usa en eventos nocturnos como bailes o bodas. Un vestido largo sería lo más apropiado.

Nunca hay una segunda oportunidad para dejar una primera impresión, así que no viajes en sudadera. Aunque estar cómoda es importante, recuerda que vas de viaje, no al gimnasio. Busca una pinta adecuada y cómoda, que no se arrugue.

POPURRÍ A LA ROSA

Necesitas: pétalos de rosa; 1 malla o lata; esencia de flores de tu gusto, especias (canela, vainilla en vaina, clavos, ralladura seca de cítricos), o lo que prefieras.

Pon a secar los pétalos de rosa cuando aún estén frescos y de buen color, sobre una malla o lata. Una vez secos, mézclalos con una cucharadita de esencia de flores y las especias de tu gusto. Echa el popurrí en un frasco y déjalo reposar 1 semana para que se mezclen los aromas. Úsalo para rellenar tus *sachets*.

¡Pilas con tu arreglo!

No todo le sienta bien a todos. El color de piel, la altura, la complexión e incluso el estado de ánimo influyen. Aprende qué hacer y qué no, a la hora de vestirte.

Qué hacer

✔ Usar colores que contrasten con el color tu de piel y tu pelo.

✔ Usar ropa de temporada.

✔ Usar ropa de tu talla.

✔ Sentirte bien con lo que usas, esté o no de moda.

✔ Caminar erguida y segura.

✔ Adornarte con accesorios.

✔ Usar un maquillaje natural.

✔ Experimentar con diversos tipos de ropa.

✔ Usar líneas verticales o prendas del mismo color si eres gordita.

✔ Usar pantalones rectos y líneas verticales para verte más alta.

✔ Usar faldas con gran vuelo si eres muy delgada.

Qué NO hacer

✗ Usar ropa del mismo tono de tu pelo.

✗ Mezclar ropa de una estación con otra.

✗ Combinar rayas o puntos con cuadros; líneas horizontales con verticales; estampados con estampados.

✗ Mezclar estilos de distintas épocas: una minifalda con una blusa clásica; un pantalón sastre con un top de verano.

✗ Usar ropa muy ajustada o muy ancha.

✗ Usar un maquillaje exagerado.

✗ Quedarte con un solo estilo y no ensayar otras tendencias.

Lleva siempre un par de aretes elegantes, un bonito accesorio y un brillo labial en tu cartera para una emergencia. Si llegas a un lugar y te sientes desarreglada, podrás correr al baño y retocarte.

Es mejor estar elegante que mal vestida.

Arco iris de las prendas

Éste es el círculo cromático que te permite saber qué colores van bien entre sí. La regla es sencilla: los colores combinan armoniosamente con sus vecinos de círculo.

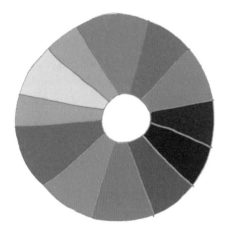

Por ejemplo: el amarillo va bien con los verdes, los verdes azulados, los naranjas y los rojos. El morado con los rojos, los magentas y los azules.

Recurre al círculo cuando tengas dudas.

Como verás, hay dos colores que faltan: el blanco y el negro. Se trata de los colores clásicos, básicos en todo clóset. Puedes combinarlos con la mayoría de los otros colores y nunca te verás mal. Asegúrate, eso sí, de no mezclar el negro con colores muy oscuros o el blanco con colores demasiado claros.

Vestir de blanco para asistir a una boda, a menos que la novia seas tú, es un tabú.

Cada ocasión según su tradición

Juliana tiene muchos compromisos y necesita ayuda para escoger qué ponerse. ¿Qué le recomendarías en estas ocasiones?

Baile o prom
Viaje en avión
Cena en casa de amigos
Matrimonio de noche
Sesión en el gimnasio
Tarde con amigas
Matrimonio de día

De los siguientes atuendos, recorta los que creas adecuados para cada evento y viste a Juliana con ellos.

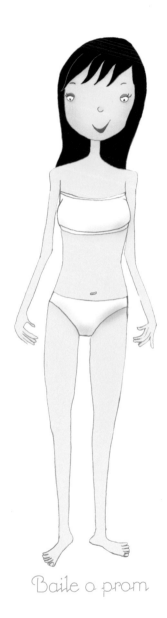

Baile o prom

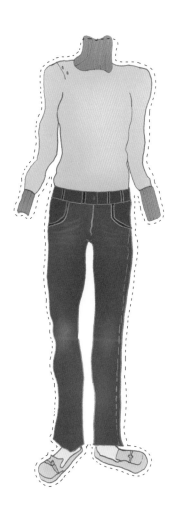

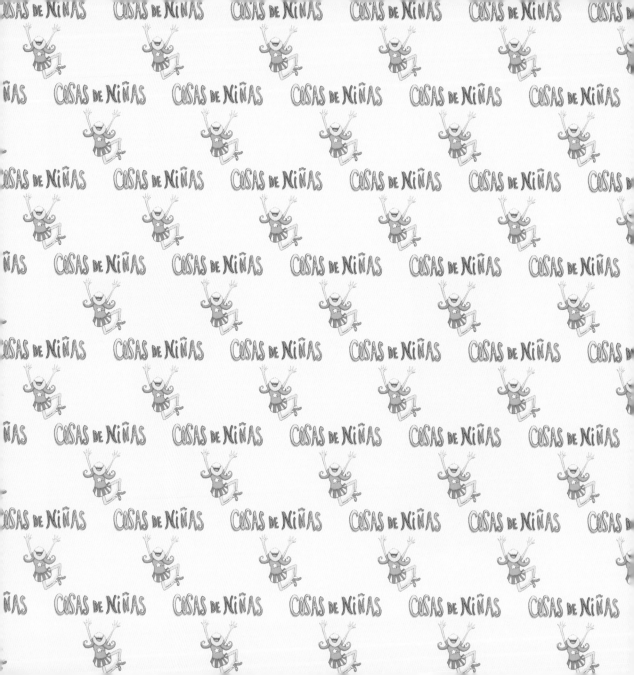

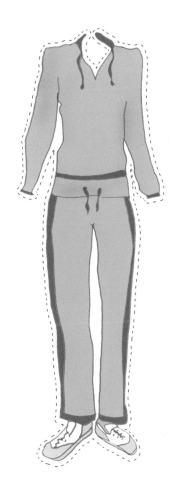

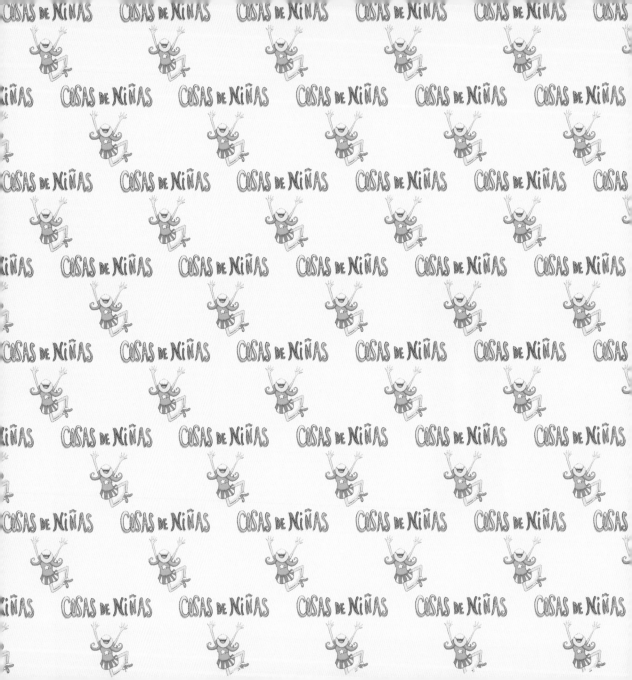

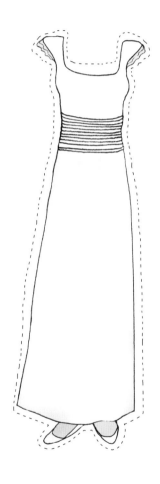

¿Terminaste con éxito tu labor?

¿Estás segura de que Juliana se va a sentir a gusto y bien vestida en cada evento?

¿Su pinta le ayudará a hacer un buen levante?

Si tienes dudas, trata de aclararlas leyendo las recomedaciones que se dan a lo largo de este capítulo, teniendo en cuenta tanto su ropa interior como el propósito de la salida.

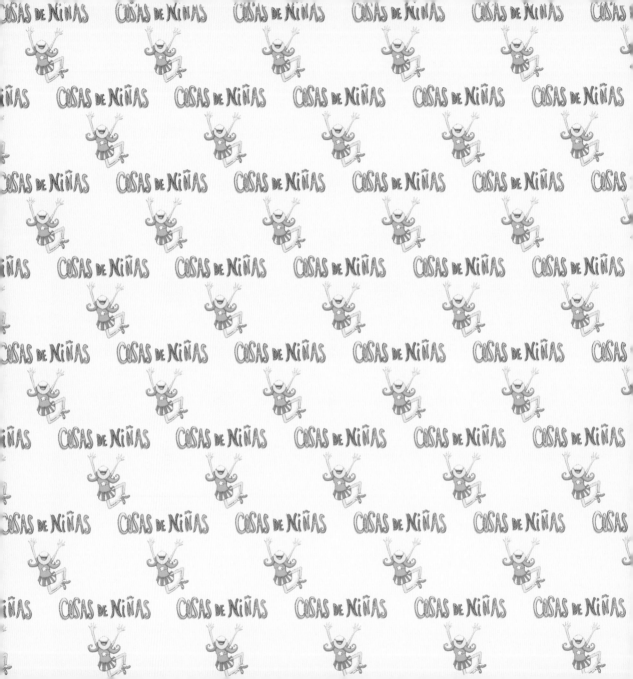

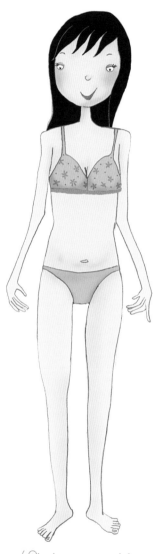

Viaje en avión

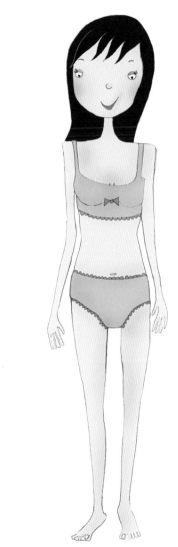

Cena en casa de amigos

Matrimonio de noche

Sesión en el gimnasio

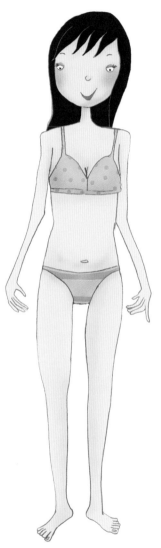

Tarde con amigas

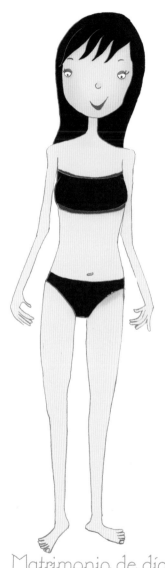

Matrimonio de día

Ropero a la carta

Si hay una fiesta a la que quieres ir y no cuentas con algo apropiado para ponerte, o no te sientes bien con lo que tienes, o no está a tu alcance salir de compras, puedes pedirle prestado algo a una amiga.

Pero, ojo, hay reglas de oro cuando de préstamos se trata:

Pídele el favor a una amiga y no lo tomes a mal si dice que no. Nadie está obligado a hacerlo.

Aunque está sobrentendido que tratarás lo prestado mejor que si fuera tuyo, debes hacerlo lavar antes de devolverlo.

Para ello, lee con cuidado las instrucciones de lavado y síguelas al pie de la letra.

Devuelve lo prestado lo antes posible. Nunca esperes a que te lo tengan que pedir de vuelta.

Así como tus amigas te prestan a ti, préstales tú también a ellas cuando lo necesiten.

Aunque tengas amigas generosas que siempre están dispuestas a compartir sus cosas, no abuses ni te vuelvas pesada.

Maquillaje

Jugar a maquillarse y a disfrazarse es siempre divertido. Pero, como cada familia tiene sus ideas sobre el maquillaje, es importante que lo converses con tu mamá. Si vas a experimentar con maquillaje, trata de escoger uno para pieles sensibles y jóvenes.

> Recuerda que la belleza nace en el interior y que lo que comas, el ejercicio que hagas y la actitud que asumas se reflejan en el exterior. Si tienes una vida feliz y saludable, seguro que no necesitarás maquillaje en absoluto.

Pasos:

1. Lávate siempre las manos con agua y jabón.
2. Lávate la cara solo con agua. El jabón tiende a resecar la piel.
3. Péinate las cejas con los cepillitos especiales para ello.

Ponte una crema humectante que tenga bloqueador solar.

Si quieres cubrir algún problema, puedes aplicarte un poquito de corrector (del mismo tono de tu piel), punteando con la yema del dedo hasta que se impregne.

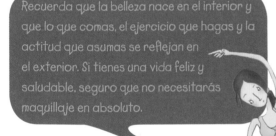

También puedes usar polvos o papelitos faciales. En el caso de los polvos, elígelos del mismo color de tu piel y úsalos en poca cantidad. La idea es solo quitarle el brillo a la piel. Con los papelitos, no necesitas polvos.

Si quieres usar pestañina, lo más aconsejable para tu edad son las transparentes, que te ayudan a resaltar las pestañas sin hacerte ver como un mapache.

DELICADO
EXFOLIANTE DE COCO

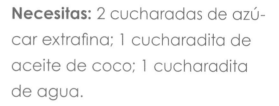

Necesitas: 2 cucharadas de azúcar extrafina; 1 cucharadita de aceite de coco; 1 cucharadita de agua.

Incorpora bien los ingredientes y masajea la cara suavemente con la mezcla por unos 10 segundos. Enjuágate con agua fría y seca la piel con una toalla.

AGUA DE ROSAS

Necesitas: 2 tazas de pétalos de rosas rojas, frescos y fragantes y 1 litro de agua embotellada.

Pon los pétalos y el agua en una olla de vidrio o cerámica y lleva casi a punto de ebullición. Retira y deja enfriar. Cuela en un recipiente de vidrio. Se conserva en nevera hasta por 1 semana.

MASCARILLA DE ROSAS Y MIEL

Necesitas: los pétalos de 1 rosa bien fresca; ¼ de taza de azúcar blanca; 4 cucharadas de miel; 3 cucharadas de agua de rosas.

Parte los pétalos y mézclalos con el azúcar, la miel y el agua de rosas. Aplica sobre la cara limpia y deja actuar por unos 15 minutos. Retira con agua tibia.

TÓNICO DE ROSAS

Necesitas: 1 taza de agua de rosas; ½ cucharadita de glicerina líquida; ½ taza de agua de hamamelis o liquidambar. Mezcla y agita bien los ingredientes.

TINA CON AROMA DE ROSAS

Necesitas: ½ taza de sal marina; ½ taza de agua de rosas; ½ taza de pétalos de rosa; ½ taza de leche de coco.

Revuelve todos los ingredientes en un recipiente. Alista la tina y agrega la mezcla cuando te vayas a meter. Relájate en ella por un rato.

GRANIZADO DE ROSAS Y SANDÍA

Necesitas: pétalos de 5 rosas rojas; 4 tazas de sandía fría picada, sin semillas; 1 cucharada de zumo de limón; pétalos para decorar (opcional).

Pon los pétalos en una olla de vidrio, agrega 2 tazas de agua y deja hervir. Retira del fuego, reposa y cuela. Vierte esta agua en una cubeta de hielo y congélala. Licúa la patilla con los cubos de hielo de rosas y el jugo de limón. Agrega pétalos picados, si quieres. Sirve de inmediato en vasos. Puedes decorar cada vaso con un pétalo.

Qué forma tiene tu cara

La forma de tu cara puede ayudarte a saber los tipos de peinado que te quedan bien, pero sobre todo cuál es el largo ideal.

¿CÓMO SABERLO?

1. Házte una cola de caballo o recógete bien el pelo.
2. Frente a un espejo, fíjate en la línea de tu mandíbula.

¿CÓMO SE VE?

a. ¿Cuadrada?

b. ¿Redonda?

c. ¿Ovalada?

d. ¿Larga?

e. ¿Acorazonada?

Cuadrada. El pelo en capas largas te suavizará las facciones de tu cara. El flequillo se te verá lindo y femenino.

Redonda. El pelo en capas, de largo del mentón, afinará tu cara, y los flecos desordenados se te verán muy bien.

Ovalada. ¡Tienes suerte! Las caras ovaladas pueden usar cualquier corte o peinado. Aprovecha y experimenta.

Larga. Los cortes a nivel de la barbilla van mejor con capul o flecos. Los que te permiten recoger el pelo, disimulan el mentón.

Acorazonada. Los flecos y los peinados con las puntas hacia fuera son los que mejor le sientan a tu tipo de cara.

¿Sabías que la forma de aplicar el maquillaje puede también producir un efecto óptico que acentúa o suaviza los ángulos y las facciones de la cara, de acuerdo con su forma?

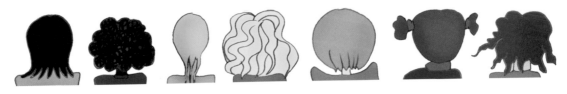

¿Melena de Rapunzel?

Incluso en los cuentos de hadas las protagonistas tienen una buena mata de pelo. El pelo es parte importante de tu imagen. ¿Cómo aprovecharlo al máximo? Conocer tu tipo de pelo puede ayudarte a decidir los estilos y peinados que mejor te sientan. Qué tipo de pelo tienes tú: ¿delgado? ¿medio? ¿grueso? Trata de identificarlo.

Responde a las siguientes preguntas. El grupo en que tengas mayor número de respuestas positivas es el tuyo.

Fino y delgado

Si usas caucho ¿hay que envolverlo mucho para que quede fijo?

¿Te flotan mechoncitos de pelo a los lados de la cabeza?

¿Pierde la forma muy rápido?

El pelo en capas y a la altura de los hombros, se verá más grueso y abundante. No dejes que se te engrase, se verá más débil que nunca.

Ni mucho ni poco

~ ¿Se ve saludable tu pelo cuando lo llevas suelto?

~ ¿Se deja peinar y moldear fácilmente?

~ ¿Tiene vitalidad?

Tienes mucha suerte. En teoría, prácticamente cualquier estilo que escojas te sentará bien. Aprovecha para sorprender con distintos looks.

Grueso y abundante

○ ¿Es rebelde y tiende a quedarse parado y a no dejarse peinar?

○ ¿Se siente áspero?

○ ¿Es difícil agarrarlo con el caucho al hacerte cola de caballo?

Evita las capas, a menos que tengas el pelo muy corto o muy largo, de lo contrario se verá demasiado esponjado. Mantenlo bien humectado.

Peluquerías

Tu peluquero puede ser tu mejor amigo o tu peor enemigo. Tómate el tiempo para encontrar uno que te guste y desarrollar con él una buena relación. Cuanto más te conozca, más fácil dar con el peinado para tu personalidad.

 Algunos cortes demandan más cuidado que otros. Háblalo con tu peluquero al escoger el tuyo.

¿Qué buscar?

 Experiencia

Habilidad o técnica

 Buena comunicación

Interés en las nuevas tendencias

Personalidad agradable

Buena reputación

¿En dónde se meten?

Si no sabes donde hallar un buen peluquero, pide a tus amigas que te recomienden uno o pregúntale a alguien, con un corte que te guste, quién se lo hizo.

¿Te angustia probar un nuevo peluquero? Haz una cita solo para peinado; así puedes ensayar sin presión y ver si te gusta.

ESPEJITO, ESPEJITO....

Si no estás segura de cómo manejar tu nuevo corte o peinado, pide una cita y dile al peluquero que te enseñe. Cuéntale todo lo que te desespera de tu pelo y lo que te gustaría mejorar o cambiar.

Limpia tu espejo con una esponja húmedecida en agua con vinagre. Luego sécalo bien con papel periódico. Evita usar trapos para que te quede reluciente y libre de pelusas.

¿De mucho estrene?

Si quieres ensayar un nuevo *look* mira algunas revistas o el internet y muéstrale al peluquero lo que deseas. Recuerda que no todos los estilos le sientan bien a todo el mundo. Si crees que te están cortando de una forma que no te favorece, dilo inmediatamente. Después no hay nada que hacer.

Los ¡NO! del pelo

Lavarlo demasiado – lo reseca.

Enjuague insuficiente – pierde forma y brillo. Enjuágalo 1 minuto adicional y verás la diferencia.

Demasiada laca – lo reseca.

Frotarlo con la toalla en vez de exprimirlo suavemente – da *frizz*.

Peinarlo mojado de la raíz hacia la punta – lo revienta.

Usar secador cuando aún gotea – lo estropea el calor.

Secarlo en exceso – lo vuelve como paja.

Cortarlo en casa – ese es un trabajo de profesionales.

Hacer la cola de caballo siempre a la misma altura – lo rompe.

Cepillado excesivo – lo revienta.

Ropa interior

Escoger ropa interior es tan importante como escoger pinta. Los turupes y arrugas hacen que la ropa más divina se vea horrible. Estas son unas sencillas reglas para seguir:

Calzones

Escoge un estilo que no te talle en ninguna parte.

Nunca lleves un calzón negro con un pantalón blanco.

Si llevas pantalón descaderado, usa calzones bajitos.

Para escoger un brassier ve a un almacén que tenga vestidor. Pruébatelo y ponte tu camiseta encima para estar segura de que se te ve bien.

Brassieres

Elige un brassier de buen soporte, en especial si eres dotada. Un busto flácido te hace pesada.

Asegúrate que no te talle en la espalda, puede sacarte rollitos.

Las pochecas no deben quedar colgando por los lados o el frente de las copas, a menos que quieras verte con 4 en vez de 2.

No uses un brassier con encaje o costuras si te vas a poner algo pegado al cuerpo, esto te hará ver llena de turupes. Cuanto más liso mejor.

Los brassieres de color piel son la mejor opción con la mayoría de pintas, pues imitan el tono de tu cuerpo y no se transparentan a través de la ropa.

Zapatillas y botas

Los zapatos pueden hacer la pinta o acabarla del todo. Además los zapatos son una forma divertida de expresar tu personalidad. Aunque tal vez quieras usar unos zapatos que estén de moda, asegúrate de que salgan con lo que llevas puesto.

Ten en cuenta lo siguiente:

¿Son cómodos? Si tus zapatos no son cómodos, pronto te vas a sentir miserable.

¿Son de tu talla? Cuando compres zapatos, pruébatelos con las medias que vas a usar. Recuerda que los pies crecen rápido. No te sorprendas si dejas de usar unos zapatos por un tiempo y, cuando te los quieres poner de nuevo, ya no te sirven.

¿Sirven para la ocasión? Así como no te llevarías pantuflas para un matrimonio, tampoco los tacones son apropiados para el colegio. Igual con las medias. Como no te pondrías tobilleras con vestido largo, tampoco usarías mallas con pantaloneta.

¿Sale el color con tu pinta? Los zapatos de colores son divertidos, pero si no estás segura de que funcionan, recuerda que con negro vas a la fija. Combinar la cartera con los zapatos te da un mejor *look*.

¿Te funciona el estilo? Si tienes varias opciones de zapatos, ensáyalas con distintas pintas. Puede que encuentres una mejor que la escogida inicialmente.

Zapatos todo terreno

Tus zapatos tendrán una vida más larga si los cuidas bien. Si te gusta tener un armario muy organizado, puedes guardarlos en sus cajas originales y marcarlos con un letrero o dibujo para encontrarlos fácilmente. Límpialos y/o embetúnalos después de usarlos. Oréalos si huelen mal. Mira las suelas y los tacones y mándalos a reparar cuando estén desgastados.

BETÚN CASERO

Necesitas: 3 cucharadas de aceite de oliva; 1 cucharada de jugo de limón.

Limpia y seca tus zapatos de cuero. Mezcla los ingredientes y con un trapito limpio úntales una pequeña cantidad. Deja que la mezcla se impregne por unos minutos y bríllalos con una bayetilla.

Madame Taconcitos

Caminar con tacones requiere práctica, si no quieres parecer un potro dando sus primeros pasos. A veces es más fácil aprender con tacones bajitos y gruesos y luego, gradualmente, ir pasando a unos más altos y delgados. Como con todas las cosas, la práctica hace al maestro.

Cuando estés lista para ensayar, hazlo en piso duro. Ponte los tacones y camina lo más naturalmente posible. Mantén los pies juntos, poniendo primero el tacón. Camina en el mismo espacio hasta perder el miedo. Una vez te sientas bien en piso duro, ensaya sobre tapete o piso blando.

Los zapatos puntudos pueden dañarte los dedos de los pies, así que no los uses muy seguido. Evita los tacones muy delgados para estar al aire libre, tienden a enredarse con las piedras o a hundirse en el pasto.

Ensaya primero con zapatillas o zapatos que tengan correa para darte mayor soporte. Así será más fácil aprender.

Cuando estés usando tacones, revisa tu postura frente al espejo y fíjate que no estés jorobándote.

Si necesitas subir y bajar escaleras en tacones, agárrate de la baranda mientras aprendes. Después podrás subir y bajar escaleras con la cabeza en alto, derecha y mirando al frente.

Accesorios

Los accesorios pueden ser la mejor parte de la pinta, así que aprovéchalos y gózalos. Pero, como con todo, si exageras su uso terminas produciendo el efecto contrario.

Clásico o de moda

Los accesorios son una buena inversión pues hacen que la misma pinta se vea diferente. Pero, piensa bien antes de comprarlos. Las cosas modernas son solo eso y es probable que al poco tiempo te preguntes en qué estabas pensando cuando lo hiciste. Por otro lado, también pueden ser una manera de estar a la moda sin gastar demasiado.

Mochilas y carteras

¿Grandes o chiquitas? ¿Modernas o funcionales? Cuando elijas una cartera piensa para qué la vas a usar y ten en cuenta tu personalidad. Si eres activa, una de colgar en la espalda te puede funcionar. Si te gusta estar preparada para emergencias, una grande donde quepa todo lo que puedas necesitar, te servirá mucho más. Hay carteras de tantas formas que es difícil decidir. Para lucirte, ensaya una que caiga a la altura de la cintura y tenga una forma opuesta a tu figura. Si eres bajita, inclínate por una larga y delgada; si eres gordita, escoge una que tenga cuerpo; si eres alta, opta por una más redonda.
Cualquiera que escojas, debes mantenerla limpia y organizada.

Bisutería

Las fantasías son también accesorios divertidos. Usar una que te guste mucho puede hacerte sentir más linda. Se consiguen de todos los precios, pero tú puedes fabricarlas en la casa. ¿Qué tan creativa eres?

¿Sabías que los collares cortos hacen que las niñas altas se vean más bajitas, mientras que los largos hacen que las niñas bajitas se vean más altas? Los collares de pepas grandes pueden hacer que alguien acuerpado se vea todavía más, y los más delicados que alguien menudo se vea aún más etéreo. Igual sucede con aretes y pulseras. Ensaya diversas joyas frente al espejo y comprobarás lo que te estoy diciendo.

HEBILLAS DE FANTASÍA

Necesitas: hebillas metálicas sin decoración; lentejuelas y canutillos pequeños de colores; colbón; pincel; esmalte transparente; cinta de tela.

Corta la cinta del tamaño de la hebilla y decórala pegándole lentejuelas y canutillos con colbón. Puedes hacer florecitas que luego pintas con el esmalte. Cuando esté seca, pégala a la hebilla también con colbón y deja secar antes de usar.

COLLARES ENCINTADOS

Necesitas: cintas delgadas de colores, que no se deshilachen; pepas para collares.

Mide la cinta alrededor de tu cuello y decide de qué largo quieres el collar. Corta la cinta de ese tamaño, asegurándote de que al atar sus puntas, pasa por tu cabeza. Decóralo con gracia. Amárrale otros pedacitos de cinta a lo largo, para darle un efecto moderno. Puedes ensartar las pepas y hacerles un nudito a lado y lado para mantenerlas en su sitio. Puedes hacer una trenza con 3 cintas distintas o ser tan creativa como quieras.

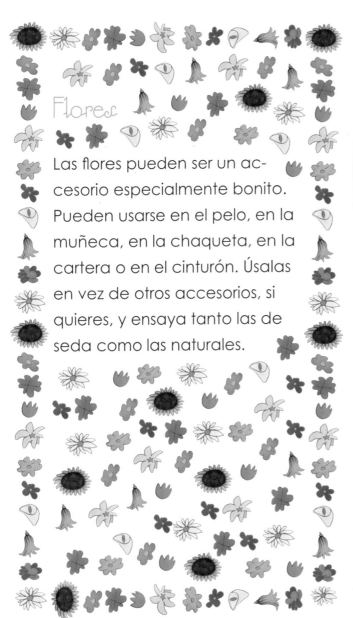

Flores

Las flores pueden ser un accesorio especialmente bonito. Pueden usarse en el pelo, en la muñeca, en la chaqueta, en la cartera o en el cinturón. Úsalas en vez de otros accesorios, si quieres, y ensaya tanto las de seda como las naturales.

Cinturones y correas

Los cinturones pueden ser difíciles de escoger. Escoge uno que te quede bien, sin cortarte la figura en dos. La mejor forma de decidir es frente al espejo. Si no estás segura, invéntate una fiesta de cinturones. Convida a tus amigas y diles que traigan todos los cinturones que puedan, propios o prestados y de todos los estilos, así todas podrán ensayarlos y decidir cuál se le ve mejor a cada una.

Gorros y sombreros

Los sombreros no son solo para asistir a bodas o salir al frío. Se necesita personalidad para usarlos, pero, una vez te acostumbras, pueden ser un lindo accesorio.

 Fíjate en la talla. Si te aprieta o te marca, pide uno más grande.

Encuentra el ángulo que te siente. Cada estilo de sombrero se lleva de manera diferente.

El sombrero debe salir con la pinta. Si no usarías pasamontañas con vestido de baño, tampoco cachucha para una boda.

Péinate según el sombrero: una cola de caballo bajita o el pelo suelto pueden funcionar bien.

Ponte sombrero cuando estés al sol. A la larga te ayudará a evitar las temidas arrugas.

Guantes

Hay muchos estilos de guantes, unos prácticos y otros decorativos. Los hay de lana, algodón o *cashmere* y pueden usarse para mantener las manos calientitas. También los hay de cuero, más vestidores. Los guantes se usaban largos hasta los codos con trajes de noche, sin mangas o *strapless*. Hoy en día se usan ligeramente arrugados hacia las muñecas para un *look* más casual. Los que llegan hasta las muñecas se pueden usar para cualquier ocasión. Fíjate que te ajusten bien para sentirte cómoda.

Para limpiar los guantes de cuero o de gamuza, espolvoréalos con talco de bebé y déjalos un rato para que se absorba el mugre. Luego sacúdelos.

Bufandas y pañoletas

Como cinturón

Además de coquetas y elegantes, las bufandas y las pañoletas son accesorios versátiles, que se pueden adaptar a otros usos. Aunque su uso alrededor del cuello y en la cabeza son los más tradicionales, hay muchas otras maneras de llevarlas.

Abre la pañoleta sobre una superficie plana, con una de las puntas hacia tí. Dobla esa punta hacia el centro y trae la opuesta hacia tí. Vuelve a doblarlas hasta quedar con una tira larga. Úsala como cinturón, haciéndole un nudo a un lado.

Como pareo

Dobla la pañoleta en triángulo, con la punta hacia abajo. Dobla luego unos 5 cm en la parte más larga para formar un cinturón. Envuélvetela alrededor de la cadera y haz un nudo con las puntas a un lado, ajustando el pareo a tu medida.

Como mochila

Pon lo que quieras cargar en el centro de la pañoleta y amarra dos esquinas opuestas. Luego, amarra las otras dos por encima del nudo anterior, dejando un espacio para poder pasar el brazo y colgártela del hombro.

Gafas de sol

¡Cuida tus ojos! solo tienes un par. Con unas lindas gafas de sol puedes verte muy *chic*, proteger tus ojos y evitar futuras arrugas, resultantes de fruncir el ceño por el sol. Los lentes deben ser grises, marrones o verdes para maximizar la protección de los rayos uv. Pruébate varios pares hasta que te sientas cómoda. Esta es una guía según la forma de tu cara:

Cuadrada. Los lentes redondos suavizarán tus facciones.

Redonda. Los lentes rectangulares ayudan a definir tu cara.

Las pestañas no deben tocar los lentes, ni las gafas dejar marcas en la nariz.

Ovalada. Como en todo lo demás, cualquier estilo te sirve.

Larga. Los marcos grandes y redondos realzan tus cachetes.

Acorazonada. Los lentes ovalados armonizan tus facciones.

Cualquiera que sea tu elección, cuídalas porque son costosas. Guárdalas en su estuche y límpialas suavemente con un paño suave.

Si necesitas protegerte los ojos en deportes con pelota, usa lentes marrón, ¡te ayudan a enfocar mejor la bola!

El espacio personal

Imagina que estás dentro de un globo invisible que te protege. Esa área imaginaria a tu alrededor es tu espacio personal. Solo tú sabes qué tan grande es y cómo ampliarla o reducirla, según la persona con que estés y lo cómoda que te sientas con ella.

Marca con una "x" la distancia que necesitas para sentirte cómoda con las siguientes personas:

	De 0 a 30 cm	50 cm a 1 m	3 m y más
mamá o papá			
mejor amiga			
mejor amigo			
profesor			
novio			
extraño			
vendedor			

Los científicos piensan que el espacio personal también involucra los sentidos. En efecto, los olores, los ruidos y las miradas pueden ser invasivos.

El espacio personal también puede variar de acuerdo con la cultura, la circunstancia y la personalidad. Si eres una persona tímida puedes necesitar más espacio personal que una persona extrovertida.

Ahora que has aprendido sobre el espacio personal, trata de no invadir el de los otros y de hacer respetar el tuyo. Muchas veces es difícil expresar este tipo de incomodidades, pero se puede hacer mediante lenguaje corporal.

El idioma de los gestos

El lenguaje corporal comunica sin palabras.

🔷 Mira a la gente a los ojos

🔷 No cruces los brazos

🔷 Sonríe

🔷 Voltea tu cuerpo hacia la persona con quien hablas.

Si usas un lenguaje corporal abierto, las personas se sentirán atraídas hacia ti sin saber por qué.

 Todo el mundo tiene derecho a tener malos momentos. Si no te sientes bien para estar en grupo, excúsate y retírate, así no les dañas el rato a los demás con tu actitud.

¿Sabías que más del 90% de tu comunicación se hace a través del tono de la voz y de los ademanes corporales?

FIONA
LA MEJOR IMPRESIÓN

¿QUIÉN ES ESA NIÑA?

Independientemente de que estés conociendo a la reina, a los papás de alguien o a un nuevo amigo, la manera como te presentes y te comportes en público dice mucho de ti. Aprender la etiqueta adecuada te hará sentir más cómoda en cualquier situación social y te permitirá mostrarle al mundo tu mejor faceta. Recuerda que la primera impresión es, en la mayoría de las veces, la que prevalece. Haz que en tu caso sea la mejor. Para ello, debes vencer la ignorancia y aprender lo que debes hacer.

Tu proyección

La impresión que tú les causas a los demás es parte fundamental de la opinión que ellos se forman de ti. Prácticamente todo lo que haces incide en ello, por eso es tan importante. Antes de actuar, pregúntate qué clase de reputación quieres tener.

Señorita perfección

Es auténtica, nunca pretende ser lo que no es.

Es directa, no habla de nadie a sus espaldas.

Es honesta, jamás inventa excusas.

Es cordial y respetuosa, nunca malintencionada ni murmuradora.

Es encantadora, jamás se vé aburrida.

Es amable, piensa en las necesidades de los otros.

Es educada, no sube los pies a los muebles.

Es detallista, no espera nada a cambio.

Es fuerte, no se deja maltratar ni maltrata a nadie.

Es fina, nunca dice groserías ni es malhablada.

¿Se conocen?

Cuando te presentan a alguien, debes ponerte de pie; sonreír y dar la mano, mirando siempre a los ojos; decir tu nombre completo y saludar. Si hay más de una persona, espera a que la mayor o más importante te extienda la mano antes de ofrecer la tuya, mírala de frente, dile tu nombre y saluda.

No interrumpas una conversación para presentarte. Espera una pausa en la conversación, mira a los ojos y hazlo.

¿Quién va primero?

Cuando presentas a dos personas, el primer puesto se lo merece la más importante o la mayor. Un presidente tendrá prioridad sobre cualquiera de sus parientes, así sean mayores que él; las mamás sobre las amigas. Por ejemplo: "Mamá, quiero que conozcas a mi amiga Angélica".

Ponerse de pie al conocer a alguien es señal de respeto. Además te pone a la altura de los ojos del otro, lo que facilita el inicio de una conversación.

Mua, mua, mua...

El beso a la hora de saludar cambia según
el lugar del mundo donde estés.

En gran parte de Europa se saluda con un
beso en cada mejilla.

Los suizos, los holandeses y los rusos se saludan
con tres besos, empezando por la derecha.
Dependiendo de la persona, el último de los
tres besos puede ser en la boca.

En América Latina y Estados Unidos por lo general solo se da un beso al saludar. Los esqui-
males, en lugar de beso, se frotan las narices.

En los países orientales, como Japón, por
tradición se imponen los saludos sin contacto
físico, como una leve inclinación de la cabeza, y cuanto mayor sea el respeto debido a la
persona, mayor debe ser la inclinación.

Los tiempos cambian

Anteriormente las mujeres eran presentadas primero y debían extender su mano para ser saludadas. Hoy esto ya no se usa. Independientemente de ser la primera o la última, recuerda dar la mano con firmeza. A nadie le gusta una mano blandengue.

Los eminentes

Debes estar preparada para conocer a alguien con un título y saber qué tratamiento darle.

Así seas amiga de alguno de estos personajes, el protocolo dicta que cuando estés en público los llames por sus títulos, nunca los tutees.

☞ Su Majestad, para los reyes
☞ Su Majestad Imperial para los emperadores
☞ Su Alteza Imperial para los príncipes de los imperios
☞ Su Alteza Real para los príncipes de los reinos
☞ Su Alteza Ilustrísima para condes
☞ Su Santidad (S. S.) para el Papa
☞ Señor Presidente, señora Ministra, señor Alcalde para estos cargos
☞ Doctor o doctora para personas con un doctorado

De qué hablar

Hay personas que tienen facili-
dad para hacer amigos y un talento natural para conversar. Pero
hay otras, como las tímidas, a
quienes enfrentarse a desconoci-
dos les resulta tenso e incómodo.
Si no tienes el don natural para
estas cosas, lee un periódico o
una revista antes de ir a un evento, así podrás comentar los temas
de actualidad. Si gozas de buen
humor, ten a la mano un par de
chistes para estos casos.

Si alguien dice algo que
te desconcierte, no entiendas o te deje sin palabras,
educadamente excúsate
y retírate.

Frases de cajón para vencer la timidez

Qué clima tan bonito está haciendo hoy, ¿verdad?

De los lugares que conoces, ¿cuál es favorito?

¿Ya te viste la última película de Zac Efron?

¿Tienes alguna página web que te guste y me recomiendes?

Me encanta tu falda. ¿Dónde la conseguiste?

¿Cuál es tu materia favorita y por qué?

¿Qué libro interesante estás leyendo?

¿Alguna vez has tomado clases de baile?

¿Si pudieras ser un animal, cuál escogerías?

¿Cuál es la persona que más admiras en el mundo?

El don de gentes

⭐ Mira a los ojos. No es agradable hablar con un mueble.

⭐ Ponle atención a la persona que te habla. Hazla sentir como si fuera la única presente.

⭐ Sé amable. Si no estás de humor, quédate en casa. Nadie tiene que aguantar malas maneras.

⭐ Habla a un volumen razonable. No estás entre sordos.

⭐ Habla como una dama. No seas vulgar ni uses argot. A ti te puede parecer chistoso, pero para otros puede ser ofensivo.

Ni lo menciones...

Evita ser entrometida. Hay temas que se deben evitar para no meterse en situaciones incómodas:

- El precio de las cosas

- Si fulanita está embarazada

- Cuál es la religión de fulano

- Los estereotipos culturales

- Las funciones corporales

DETECTIVES EN CASA

Me incomoda que metan las narices en mis proyectos secretos, así que me he ingeniado ciertos mecanismos para detectar fisgones:

- Lógica personal para ordenar los libros y poder detectar a los "ratones de biblioteca".
- Hilo fino o pelo en la cremallera de mi cartera, que se cae cuando alguien más la abre.
- Talco ligeramente espolvoreado en el piso para detectar huellas de espías.

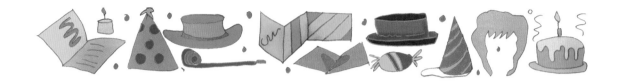

Lo dicho, dicho está

Ojalá nunca se te crucen las invitaciones que recibas, pero la realidad es que muchas veces coinciden en día y hora. Una vez que confirmas tu asistencia a un evento, sea fiesta, paseo u otro, haz de cuenta que está escrito en piedra. La única razón válida para no ir es la enfermedad. Es de pésimo gusto no aparecer y después llamar a disculparse.

Ten en cuenta que, cuando alguien te invita, de seguro ha dedicado mucho tiempo para organizar que todo salga bien. Ha conseguido tanto la comida, las sorpresas, los materiales para las actividades y demás. Las cancelaciones de última hora resultan en un desperdicio.

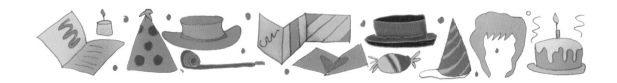

Acuérdate de saludar a los anfitriones al llegar. Generalmente se acostumbra llevarles un detalle. Unas galletas, unos chocolates o un lindo dibujo será suficiente. Despídete al irte y agradece de nuevo al día siguiente por medio de una nota o una llamada.

COLOMBINAS CROCANTES DE CHOCOLATE

Necesitas: 100 g de chocolate de tu gusto; 1/4 taza de *rice crispies*; molde para colombinas de chocolate; palitos para colombina; bolsitas plásticas y cintas de colores.

En un recipiente hondo, derrite el chocolate picado en el microondas. Una vez derretido, incorpórale los *rice crispies* y llena los moldes a ras. En este punto, levanta el molde ligeramente y déjalo caer sobre la mesa, para eliminar burbujas. Ponles los palitos y enfría en la nevera. Desmolda y guarda en bolsitas plásticas individuales, cerradas con cintas.

¡A la hora en punto!

Nunca deberías llegar tarde a ninguna parte. La puntualidad dice mucho de tí y demuestra tu respeto por los demás. Sin embargo, como el tiempo es un concepto que cada cultura asume de distinta manera, hay que saber lo que el anfitrión espera. Al recibir una invitación podrías llamar y decir: "No quiero llegar a destiempo. Me cuentas a qué hora exacta quieres que esté allá". La persona que te invitó seguramente apreciará el gesto.

Lleva contigo el número telefónico del anfitrión. Si te retrasas, podrás avisar que estás un poco demorada.

MATEMÁTICAMENTE: ¡TU EDAD!

Mis investigaciones sobre el tiempo han arrojado una fórmula matemática para saber la edad de la gente. Ensáyala. Dile a una persona que piense en el número de su mes de nacimiento; que lo multiplique mentalmente por 2 y que le sume 5 al resultado. Pídele luego que multiplique ese número por 50 y, al producto, le agregue su edad. Cuando te diga el resultado, réstale mentalmente 250. Tendrás una cifra de 3 o 4 dígitos. Los 2 de la derecha son la edad, los de la izquierda el mes de nacimiento. ¿Lo lograste? ¡Elemental!

Cuando salgas

No todas las invitaciones son para ir a una casa. Algunas pueden ser para ir a un lugar público. Usa el sentido común cuando andes por ahí, sola o con amigos, pues es fácil perderse.

Antes de subir a un asensor, metro, bus, etc., deja que las personas que necesiten bajar lo hagan.

Cabeza y cola

En los lugares públicos se hacen colas para muchas cosas. Es de muy mala educación colarse o saltarse el turno. ¡Haz cola! Si no estás segura de cómo está conformada la cola, pregúntale a alguien que ya esté en ella.
Si vas a usar un cajero automático, conserva una distancia prudencial de los demás para no dar la impresión de querer ver su información personal.

Baños públicos

Rara vez usar un baño público es una experiencia grata, aunque debería serlo si quienes lo usan fueran respetuosos y lo dejaran igual o mejor de lo que estaba.

Si hay cola, espera tu turno.

Revisa que el inodoro esté limpio y tenga papel higiénico.

Descárgalo antes de irte.

Lávate las manos y seca el lavamanos con el mismo papel.

Nunca botes un tampón en el inodoro, así diga que es biodegradable. Puede tapar el baño y causar un desastre.

Acuérdate de volverte a llevar el bolso que colgaste en la puerta.

Los baños para discapacitados han sido diseñados para estas personas, si no es tu caso, no los uses.

¡Pilas en la calle!

La calle y los lugares públicos pueden ser caóticos. Yo aprendí cómo moverme sola en ellos:

- Respeto las señales de tránsito y los semáforos.

- Ando por la derecha del andén.

- Estoy pendiente de mi bolso.

- Si siento peligro, busco un lugar seguro con gente, como una tienda. Jamás un sitio solitario.

- Trato de no hablar por celular.

- No llevo nada que pueda atraer a los ladrones.

BUFANDA CÓSMICA

Necesitas: fieltro de varios colores; tijeras; aguja e hilo.

Corta estrellas del mismo tamaño, en fieltros de varios colores. Monta ligeramente una sobre otra y pégalas con un par de puntadas formando una "x".

Alterna los colores, en las secuencias de tu gusto. El largo de la bufanda dependerá del número de estrellas que le pongas.

En los espectáculos

Un buen espectáculo es una experiencia que hay que aprovechar.

Vístete adecuadamente: un buen vestido o una falda con *top*.

Apaga tu celular y no hables durante la función.

Come y ve al baño antes de ir. Hay obras sin intermedio.

No tomes fotos, muchas veces está prohibido.

Llega a tiempo. Muchos teatros no dejan entrar iniciada la obra.

Aplaude sólo cuando sea apropiado.

Aplausos y ovaciones

A todos los artistas les gusta saber que su trabajo es apreciado, pero asegúrate de aplaudir en el momento correcto. En un concierto de música clásica, se aplaude cuando el director aparece al inicio del concierto y al final de cada pieza del programa, nunca en el medio. Cuando el concierto termina, se aplaude por última vez. En el teatro se aplaude al finalizar cada acto.

¿Me das tu autógrafo?

Si algún día tienes la suerte de ver a tu estrella favorita y pedirle un autógrafo, ten en cuenta:

Ser respetuosa. Recuerda que no la conoces. Nunca interrumpas si está con su familia.

Usar las palabras mágicas: "por favor" y "gracias".

Tener a mano papel y lápiz.

 De compras

¿Sabías que existe una etiqueta para las compras?

Muestra una buena imagen. Si te ves descuidada, corres el peligro de que no te atiendan bien.

Saluda al vendedor. Si sabes qué buscas, pídele una sugerencia.

No comas en el almacén. Sin querer, podrías estropear las mercancías.

No toques nada sin permiso.

Nunca toques lo de las vitrinas.

No dejes el vestidor hecho un desastre. Otros lo van a usar. Si buscas un tipo de ropa específico, lleva ropa interior y zapatos adecuados, así sabrás mejor cómo se te ve.

COMPRAS SISTEMATIZADAS

Como mi mamá y Maia dejan todo para última hora, les preparé el siguiente método para una mayor eficiencia en sus compras:

Tener la lista exacta de lo que se va a comprar.

Hacer un presupuesto detallado para saber cúanto se va a gastar.

Saber a qué almacenes van a ir.

Planear el orden del recorrido.

Tener lista de segundas opciones por si no consiguen las primeras.

ÁLBUM
DE TESOROS

Cuando voy a un museo no solo lo visito y tomo fotografías, llevo además una bitácora del recorrido y de lo que veo. Hazlo tú también. Todo lo que necesitas es un cuaderno o libreta.

En él puedes anotar la fecha de la visita, pegar los boletos y folletos que te den. Si tomas fotografías, pega la más bonita. Cuenta cuál es la obra de arte que más te gusto; dibuja el objeto más antiguo que viste, o el más grande o el más pequeño. Anota cómo te sentiste en la visita. Cuando vuelvas, podrás comparar las dos experiencias. ¡Será interesante!

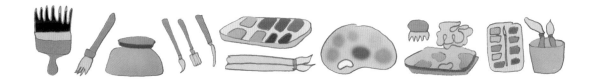

Museos: saber y placer

Los museos son sitios muy especiales que te permiten aprender sobre historia, arte, ciencia o tecnología. No obstante, todos los museos tienen normas básicas que hay que respetar:

Si quieres dibujar o tomar apuntes, no tapes a los demás y verifica con anticipación qué tipo de materiales están permitidos.

❙ No comer durante los recorridos. Hay áreas para hacerlo.

❙ Preguntar si está permitido tomar fotos o videos con tu cámara.

❙ Hablar en voz baja.

❙ Caminar, no correr.

❙ Mirar con los ojos, no con las manos. Mirar y no tocar...

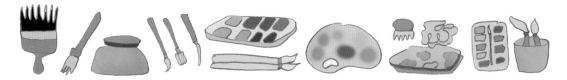

Salir a comer

Comer fuera es costoso, por ello debe considerarse como algo especial.

Vístete según la ocasión. Los *jeans* son para algo informal, no para un sitio elegante.

Reserva con anticipación y llega a tiempo. Permite que el *maître* te lleve a la mesa y te siente.

Una vez elijas tu plato, cierra el menú en señal de que ya estás lista para ordenar.

Habla a un volumen adecuado, no tienes que involucrar a todo el restaurante.

Agradece a los meseros. Si el servicio no está incluido en la cuenta, déjales una propina.

Para llamar al mesero, levanta la mano y di "perdón" o "excuse". No grites.

Sentada, no echada

A menudo en los restaurantes los meseros te sacan el asiento cuando llegas a la mesa. En estos momentos tu cuerpo dice mucho de ti. Una postura correcta te hará ver elegante además de proteger tu espalda.

Cómo hacerlo bien:

✚ Mantén la espalda derecha.

✚ Apóyala en el respaldo, de ser necesario.

✚ Pon los pies rectos en el suelo y siéntate de forma natural.

✚ Trata de cruzar las pantorrillas, no las piernas.

Cómo no hacerlo:

✖ Subiendo los pies al asiento.

✖ Dejando ver los calzones.

✖ Mostrando la suela del zapato.

✖ Desplomándose sobre los sofás.

✖ Tomando posturas desgarbadas.

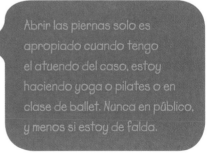

Abrir las piernas solo es apropiado cuando tengo el atuendo del caso, estoy haciendo yoga o pilates o en clase de ballet. Nunca en público, y menos si estoy de falda.

Días de campo

El esparcimiento al aire libre es delicioso. Pero, aunque la naturaleza es de todos, hay que ser responsables en el *camping*, los parques, las playas y demás.

Cuida el ambiente. No dejes basura ni uses los árboles de tablero.

No alimentes la fauna silvestre.

No entres a las propiedades privadas sin autorización.

No lleves mascota si es prohibido.

El que no hayas arrojado basura, no significa que no puedas recogerla y echarla en el recipiente adecuado. Será un aporte valioso y un ejemplo para los demás.

En el lugar equivocado

Es importante que te expreses, pero sin causar daño. Rayar o hacer grafiti en lugares públicos es destructivo y de muy mal gusto.

Etiqueta ambiental

Todos somos ciudadanos del mundo. Si juntos cuidamos de él, les dejaremos un mejor planeta a las generaciones futuras:

 No uses más de lo necesario.

 Ahorra agua, báñate más corto.

 Apaga las luces que no usas.

 Usa bolsas de tela, no plásticas.

Camina cada vez que puedas, en vez de usar automóvil.

BOLSAS ECOLÓGICAS

Respetar el medio ambiente
también es divertido. Fabrica tus
propias bolsas de tela para las
compras e imprímeles tu estilo.

Necesitas: tela lisa del color que
te guste; tela de otro tipo para
las manijas; tijeras; máquina
de coser o, en su lugar, gel
pegante para tela.

Corta un rectángulo con la tela
lisa (la bolsa será la mitad
del tamaño que decidas) y
hazle un dobladillo de 2 cm
en los bordes.

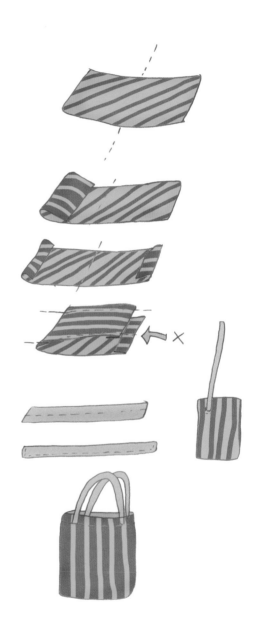

Dobla la tela por la mitad, asegurándote de que el derecho quede hacia afuera. Cósela o pégala por los lados, dejando abierta la parte superior o boca.

Toma la tela de las manijas, dóblala y pégala para que queden reforzadas. Luego pega o cose una en cada lado de la boca de la bolsa. ¡Tu bolsa está lista! ¡Decórala!

Mis pesquisas ambientales me llevaron a la súper página www.ecosos.org que te permite ayudar al planeta desde tu escritorio. ¿Ya entraste?

Es mejor no usar bolsas plásticas porque son nocivas para el medio ambiente y los animales. ¿Sabías que más de 100 especies animales están siendo afectadas mortalmente por tragar estas bolsas? ¡Ayúdame a luchar contra este desastre!

El mundo es cada vez más pequeño. Si tienes la oportunidad de viajar, podrás apreciar su gran riqueza de culturas, creencias y costumbres. Disfruta tu viaje, teniendo en cuenta algunos aspectos. La forma de presentarse depende de las costumbres de cada lugar. Averigua las costumbres locales para evitar pasar una vergüenza o hacer sentir mal a otros.

Más allá de las fronteras

Para disfrutar más de tu viaje, nunca olvides:

◆ Que debes respetar las diferencias culturales.

◆ Que si no hablas el idioma del sitio que visitas, pero las personas del lugar sí hablan el tuyo, no debes burlarte de su acento.

◆ Que si estás en una situación donde no sabes qué hacer, lo mejor es fijarte en lo que hacen las personas que están cerca y seguir su ejemplo.

MARQUILLAS PARA MALETAS

Necesitas: tela resistente o fieltro; pegante de tela; marcadores; cartón; plástico autoadhesivo; cordón o cinta.

Corta 2 cuadrados iguales de tela. Recorta luego un cuadrado más pequeño en el centro de uno de ellos y retíralo. Ahora pega los dos grandes por sus bordes, dejando uno abierto. Recorta un cuadrado de cartón y escribe tus datos. Fórralo con plástico autoadhesivo, métrelo en la funda que hiciste y hazle un ojal para pasar un cordón y amarrarlo a la maleta. Decóralo.

Maluqueras de viaje

Durante tu viaje puedes tener algún malestar. Prepárate.

Por tierra

Previene los mareos, sentándote en una silla delantera. No leas, eso empeorará tus síntomas.

Por aire

Para evitar que se te tapen los oídos, mastica un poco de chicle, sin hacer ruido, ni bombas.

Por mar

Si sufres de mareos, siéntate en la parte central del barco y mira a un punto fijo del horizonte.

¿TE UBICAS?

A que no sabes de qué países son capitales estas ciudades:

1. Freetown
2. Dhaka
3. Nairobi
4. Islamabad
5. Kishinev
6. Liubliana
7. Minsk
8. Paramaribo
9. Almaty
10. Port Louis
11. Reykjavik
12. Pyongyang
13. Antananarivo

En cualquier tipo de viaje, llega a tiempo y lleva un equipaje ligero, el espacio es limitado. Sigue las indicaciones de la tripulación y sé amable con ella.

Respuestas: 1. Sierra Leona, 2. Bangladesh, 3. Kenia, 4. Pakistán, 5. Moldavia, 6. Eslovenia, 7. Bielorrusia, 8. Surinam, 9. Kazajstán, 10. Mauricio, 11. Islandia, 12. Corea del Norte, 13. Madagascar.

Merecimientos

En la vida también hay que estar preparado para los grandes momentos.

Premios y homenajes

▶ Vístete a la altura de la ocasión. Tu presentación reflejará la importancia que le des. ¡Habrá cámaras y entrevistas!

▶ Acepta tu galardón con discreción. ¡Qué feo ser engreído!

▶ Agradece a quienes hicieron posible tu reconocimiento.

TROFEOS AL ESTILO FIONA

Necesitas: 3 tazas de harina; 1 taza de sal; 1 taza de agua; 1 ½ cucharadas de aceite; pintura y pinceles.

Mezcla la sal y la harina en un recipiente hondo. Poco a poco agrega el agua y el aceite hasta lograr una consistencia suave que se deje moldear. Haz los trofeos de la forma que quieras, pero siempre muy delgados para que queden firmes. Hornéalos a 250 °F por 1 hora o hasta que sequen.

Déjalos enfriar y píntalos. Estos trofeos son ideales para premiar actitudes ejemplares de los seres queridos.
Yo, por ejemplo, le hice el "premio Hormiga" a mi papá por trabajador y el "premio Encanto" a Maia por su don de hacer amigas y más amigas sin parar.

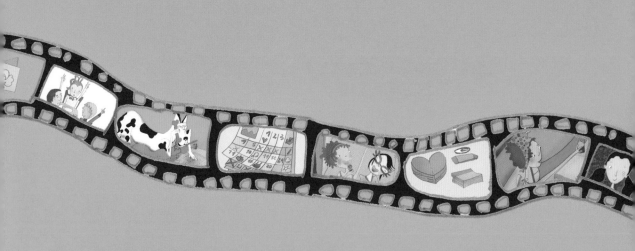

ÚRSULA

ARMONÍA EN FAMILIA

MI CASITA

Los buenos modales y la etiqueta comienzan en la casa y allí son más importantes que en cualquier otro lugar. Si no eres considerada y respetuosa con las personas más cercanas a ti, menos podrás serlo con los demás. La vida es más agradable para todos cuando en casa se vive en armonía.

¿Cómo es la movida?

Así como los países tienen normas para sus ciudadanos, las familias tienen reglas propias. Esta "etiqueta familiar" consiste en sencillas directrices que les permiten a los miembros de la familia vivir más tranquilos y felices. Varían de casa a casa según las familias. Si no entiendes una determinada regla de tu casa, pídele la explicación a un adulto. Igualmente, si hay algo que te moleste, habla con tu familia para buscar una solución.

¡Viva la armonía!

Paz: Pelear con los papás y los hermanos es doloroso y agotador.

Orden: No esperes que otros limpien por ti o te laven la ropa.

Comunicación: Diles siempre a tus papás dónde estás y con quién.

Respeto: Cuando tus papás te pidan hacer algo, complácelos. Evita la grosería con la familia.

Esas inolvidables noches en blanco...

Como en toda reunión, las pijamadas tienen reglas a seguir,
tanto para las anfitrionas como para las invitadas.

Si tú invitas

Obtén el permiso de tus padres y define con ellos el horario.

Prepara juegos, películas, etc., para que nadie se aburra.

Ten una lista con los nombres y los teléfonos de las invitadas, en caso de cualquier emergencia.

Pregúntale a tus amigas si son alérgicas a algún alimento para no incluirlo en el menú.

Si te faltan almohadas o algo, pide colaboración a las amigas.

¡Recíbelas a todas con una gran sonrisa!

No les pidas a tus invitadas llevar algo específico, pueden
no tenerlo, sentirse mal y poner a sus papás en un aprieto.

Si te invitan

⏰ Sé puntual.

☎ Déjales a tus papás el teléfono y la dirección de la pijamada y diles a qué horas se termina.

🧽 Lleva tus implementos perso- nales: pijama, cepillo de dientes, champú, jabón, toalla, muda para el otro día y, si es necesario, tu propia almohada y cobija.

🌸 Si te comprometiste a llevar algo, llévalo. No inventes disculpas.

🎩 Saluda a los papás de tu ami- ga apenas llegues. Cuando te despidas, da las gracias.

ROMPEHIELOS

Necesitas: papelitos rectangulares, lápiz y mucha imaginación.

Escribe en los papeles preguntas, cuentos o datos curiosos, y enróllalos sobre un lápiz. Retira el lápiz. Aplana el rollito con las yemas de los dedos, alternando el sentido en que lo presionas para lograr un efecto ondulado.

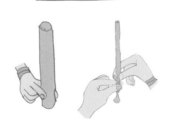

Ponlos en un tarrito y manténlos a la mano para esos tensos momentos familiares en los que nadie abre la boca. Saca uno y lee su contenido en voz alta. Cada persona tendrá su turno para responder o comentar las cosas que has puesto en los rollitos: ¿En qué época antigua te hubiera gustado vivir? ¿Cuál es tu cantante favorito?

Al otro lado de la pared

Los vecinos son parte de tu comunidad y, en caso de necesidad, pueden ser muy valiosos. Conócelos y sé amable con ellos.
Los vecinos pueden:

Hacerte la vida más amable.

Hacerte sentir más tranquila si estás sola.

Facilitarte ese ingrediente que te faltó.

Preséntate, sonríe. ¡No te dé pena!

Si tienes vecinos mayores y te haces amiga de ellos, te sorprenderá lo mucho que puedes aprender de ellos y la alegría que les puedes dar.

La convivencia

Como los miembros de la familia comparten un mismo entorno, es importante respetar el espacio de cada uno y saber compartir las áreas comunes de la casa.

 Estar furiosa no es una justificación para dar portazos. ¡Contrólate!

Áreas personales

Respeta las cosas de los otros. Si las necesitas, pídelas prestadas y cuídalas. Si algo les pasa, avisa.

Respeta la privacidad. No leas diarios ajenos ni escuches conversaciones a escondidas.

Golpea para entrar a un lugar que tenga la puerta cerrada.

No divulgues la vida de tu familia. Es un asunto privado.

Todo el mundo necesita un poco de tiempo para sí mismo, para tener un poquito de paz. Si en tu casa se te dificulta, sal a dar una vuelta por algún lugar seguro y trata de conseguirlo.

Áreas compartidas

El mugre se acumula más rápidamente de lo que crees, así que limpia bien tus cosas.

Mantén tu cuarto organizado. Tu desorden no es un espectáculo agradable para nadie.

No acapares el televisor, el teléfono o el computador. Ayuda a organizar un horario para que todos puedan disfrutarlos.

La elegancia de decir "¿Aló?"

El teléfono es una excelente herramienta para comunicarse, pero cuando lo uses, trata de no romper las mínimas normas de cortesía.

Hora

Siempre mira el reloj antes de usar el teléfono. A menos que hayas acordado llamar a alguien a una hora específica, lo que se considera educado es llamar a las casas de los demás entre las 9 a. m. y las 9 p.m.

Duración

Como el teléfono se comparte entre todos los que viven en la casa y es una línea de comunicación entre la casa y el mundo exterior, no lo acapares. Limita tus llamadas a un tiempo razonable.

¿Larga distancia?

Recuerda que tus papás pagan las cuentas telefónicas, así que consúltales antes de llamar a larga distancia. La cuenta puede subir rápidamente.

Etiqueta telefónica:

Que al otro lado de la línea no puedan ver tu cara
mientras hablas, no significa que los modales
sean menos importantes. ¿Cómo son los tuyos?

Al contestar

☎ Saluda

☎ Si no es para ti, pide que
por favor esperen mientras
consigues a la persona.

☎ Camina hasta donde esté
la persona, no grites.

Al llamar

☎ Saluda

☎ Identifícate

☎ Pregunta por la persona
que necesitas.

Bip, bip, bip...

Si tu teléfono tiene llamada en espera y éste avisa que hay una entrando, ¿qué hacer?

🔔"Esperar a una pausa en la charla, explicar lo que pasa y excusarte por un momento.

📢⁾⁾Atender la llamada en espera. Si es para ti, decir que estás hablando y que devolverás la llamada luego. Si es para tus papás, pedir un minuto, volver a la llamada inicial, explicar qué sucede y pasar la llamada a tus papás.

PARA PASARLA BIEN

Organiza tu libreta de teléfonos por grupos. Uno de los amigos del colegio, otro de los compañeros de algún curso que tomes por fuera, otro de los primos, etc. Así, cuando vayas a hacer una reunión, puedes escoger un grupo que se conozca y se entienda bien.

Solo lo justo y necesario

Si contestas una llamada para alguien que está en el baño, no es buena educación explicar la razón por qué no puede pasar. Basta con decir que está ocupado y tomar el mensaje.

Cuando la llamada no es para ti, cerciórate de que la persona a quien llaman la tome y cuelga tu aparato. Nunca dejes el teléfono descolgado ni te quedes oyendo las conversaciones de los demás.

Mensajes y más mensajes

Si contestas una llamada para alguien que no está disponible, toma el mensaje y no olvides darlo. Anota los datos más importantes: fecha, hora, nombre y número telefónico de la persona que llama. Si en tu casa no hay libreta de mensajes, consíguete o fabrica una para evitar que se pierdan.

El contestador

El contestador automático es una buena solución para recibir mensajes cuando no hay nadie en casa. El mensaje debe ser sencillo y no contener información personal. Basta con decir "Hola, está comunicado con el 235 45 45. En este momento no podemos atender su llamada, pero déjenos su nombre y número de teléfono para ponernos en contacto con usted". Nunca des información como "Esta es la casa de la familia Rodríguez, estamos de vacaciones y volveremos la próxima semana".

Nunca le dejes saber a nadie que estás sola en la casa ni les des información personal a extraños o a personas que te digan que son amigos de tus papás si tú no los conoces. Si alguien te dice por teléfono cosas que te hagan sentir incómoda, sencillamente cuelga.

Ese timbre impertinente

Los teléfonos celulares son un invento fabuloso. Sin embargo, es muy fácil ser maleducado en público o cuando estás con otras personas y se tiene un celular. Ten en cuenta lo siguiente para no fastidiar a los demás:

La llamada es sólo para ti

El volumen de tu celular debe ser lo suficientemente alto para que tú lo oigas, no para molestar a los demás. En lugares como el colegio o el cine no es apropiado contestar el teléfono, así que apágalo o ponlo en vibración.

¿A quién le interesa?

A ningún extraño le interesa tu vida privada. Habla bajo cuando te entre una llamada en público.

¡Seguro que puede esperar!

A menos que se trate de una emergencia, no hables por celular cuando estés con amigos. Deja que la llamada pase a buzón o di que llamarás después.

DETALLES ANTI-RUTINA

Rompe la rutina familiar y sorprende a todos con sorpresas lindas:

- Caliéntale las toallas a alguien antes de que entre a bañarse.
- Infla bombas y ponlas alrededor de la cama del cumpleañero. Se sorprenderá al despertar.
- Prepara un rico postre para endulzarles el día a todos.
- Haz unas trufas de chocolate y deja una en la almohada de cada uno de tus familiares para que tengan dulces sueños.

NOTICAS CARIÑOSAS

Déjales noticas cariñosas a tus familiares en lugares inesperados como el bolsillo de la chaqueta o la maleta del colegio. También puedes enviarles lindos mensajes de texto que los hagan sonreír.

Los mensajes

Hay un momento para todo. Por tanto, los mensajes de texto deben seguir las mismas reglas que el celular. No mandes mensajes de texto cuando estés en clase o haciendo visita con tus familiares o amigos. Recuerda que no todo el mundo está pendiente a toda hora de los mensajes, así que si no recibes respuesta inmediata ten paciencia. A nadie le gusta que lo acosen.

¡No te conviertas en la intensa del celular! Trata de no hablar o mandar mensajes de texto en la mitad de un juego, en la mesa o en los baños públicos.

SUEÑOS DE CHOCOLATE

Necesitas: 1 cucharada de mantequilla; 3 cucharadas de crema de leche; 100 gramos de chocolate semi-amargo; 1 cucharada de jugo de naranja; 1 cucharada de ralladura de naranja; 1 pizca de canela en polvo; 1 taza de cocoa en polvo.

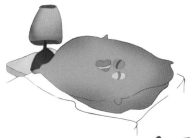

Hierve la crema con la mantequilla y vierte sobre el chocolate picado. Deja derretir y revuelve para incorporar. Agrega el jugo y la ralladura de naranja y la canela. Vierte en un molde y enfría en el refrigerador por 1 hora o hasta que esté firme.

Forra una lata con papel parafinado. Saca cucharaditas del chocolate firme, dales forma de bolitas y ponlas sobre la lata. Lleva de nuevo al refrigerador para endurecer. Rueda los chocolates sobre la cocoa en polvo y acomódalos en canasticas de papel.

Hoy invito yo

Cuando quieras juntarte con amigas e invitarlas a tu casa, tu trabajo como anfitriona es asegurarte de que todos pasen un buen rato. Un poquito de planeación puede hacer la diferencia entre una reunión exitosa y un tarde desastrosa.

Así tú no seas la anfitriona, si en tu casa hay una reunión, debes ayudar a que los invitados se sientan bien.

BRILLOS DE SABORES

Necesitas: 3 cucharadas de vaselina; 1 cucharadita de miel de abejas; 1 cucharada de gelatina en polvo de tu color o sabor favorito.

Calienta la vaselina en el microondas por unos 10 segundos y mézclala con la miel. Agrega la gelatina en polvo y, de ser necesario, adiciona goticas de agua caliente para incorporar. Vierte en un envase para brillo labial y enfría en la nevera. Puedes conservar tu brillo refrigerado hasta por 3 días. Esta actividad es un éxito en una tarde de amigas.

¿Puedo?

Todas las familas tienen distintos parámetros para la educación. Por eso, a veces, dentro de un mismo grupo de amigos, unos tienen permiso de hacer ciertas cosas y otros no. Aunque pueda ser difícil de entender, a ti te corresponde confiar en que los adultos están haciendo lo que más te conviene. De todas formas, es importante que tanto tú como tus amigos cuenten con el consentimiento de los padres para cualquier plan y les dejen saber todos los detalles.

 Nunca mientas por un amigo o le pidas a uno que mienta por ti para conseguir un permiso.

Éstos cuadran, éstos no

Hacer una lista de invitados puede ser un camello. ¿Cómo decidir a quién invitar sin herir a otros? ¿Necesitas planear alguna actividad o juntarse para pasar el rato ya es suficiente?

Piensa en qué amigos se llevan bien. A veces hay grupos que no se soportan entre sí. En tal caso, no los juntes; haz planes con cada grupo por separado.

Piensa a quién le gusta hacer qué. Si el plan es ir a jugar tenis y tienes un amigo al que no le gustan los deportes, es mejor que no lo invites en esta oportunidad.

Si no sabes a cuántas personas invitar, decide primero lo que quieres hacer. Hay planes que funcionan mejor para grupos más pequeños, como los proyectos de arte, manualidades o cocina; otros son más divertidos con más gente, como los deportes en equipo o bailar.

La invitación

La invitación le pone el tono a lo que quieres hacer y puede ser una manera divertida de expresar tu personalidad. Algunos planes, como las fiestas de 15, los *proms* y las primeras comuniones, requieren de una invitación formal. Para otras basta una llamada o un email.

La invitación formal, debe incluir:

Nombre del anfitrión o anfitriona:

La señorita Fiona Bruin

La razón del evento:

celebra su cumpleaños

La dirección: Hacienda El Museo

La fecha: el próximo 6 de febrero

La hora: 2:00 p. m. (a veces con la hora de terminación)

Las invitaciones se deben enviar a las casas de los invitados para no herir los sentimientos de quienes no están convidados.

R. S. V. P.

Siempre es más fácil planear una actividad si se sabe la cantidad de invitados que asistirán. Para ello incluye "R.S.V.P.", con tu teléfono o e-mail en la parte inferior de la invitación. Esto quiere decir en francés "Repondez, s'il vous plait", es decir, "Responda, por favor". Si la invitación trae esta nota, debes hacerle saber con anticipación a los anfitriones si asistes o no. De todas formas, es de buena educación confirmar o excusarte cuando te inviten a algo y hay que tratar de no hacerlo a última hora.

Una invitación por escrito debería recibir también una respuesta por escrito, ya sea de confirmación o excusa. La manera correcta de hacerlo es:

Encantada...

La señorita Úrsula Duica acepta con gusto la amable invitación de la señorita Fiona Bruin para asistir a su fiesta de cumpleaños.

Lo lamento...

La señorita Úrsula Duica lamenta profundamente no poder asistir a la fiesta de cumpleaños de la señorita Fiona Bruin.

Qué servir

Aunque deberías tratar de tener en cuenta las alergias o las preferencias vegetarianas de tus amigos al planear la comida de la fiesta, lo más importante al programar el menú es que tengas suficiente comida y bebidas para todos los invitados. Revisa el menú con un adulto antes de la fiesta y asegúrate de que se ajuste a tu presupuesto o al del adulto que te haya ofrecido ayudarte a pagarlo.

¿Te molesta que tus papás les pregunten cosas a tus amigos? Ten la seguridad que lo mismo te ocurriría si estuvieras en otra casa. En estas ocasiones, lo indicado es responder con amabilidad y luego seguir en lo que estabas.

¡Llegó la hora!

Recibe a tus invitados, abriéndoles la puerta con una sonrisa y dándoles la bienvenida. Salúdalos como se espera, es decir, con un beso, un abrazo o un apretón de manos. Recibe sus abrigos o chaquetas y ponlos en el área designada para ello. Presenta a los que no se conozcan entre sí y asegúrate de que saluden a tus papás y a los adultos que estén alrededor.

Unos príncipes, otros cafres...

Como anfitriona, debes asegurarte de que todos los invitados estén pasando un buen rato. No descuides a nadie y fíjate que todos tengan alguien con quien hablar y se estén divirtiendo. Si algún invitado empieza a portarse mal, pídele ayuda a un adulto antes de que la situación se salga de control.

¡A dejar todo en orden!

Después de la fiesta hay que limpiar y ordenar todo. Si tus papás ven que eres responsable, te dejarán invitar amigos a menudo. Si crees que vas a necesitar ayuda, tal vez puedes pedirle a un par de amigos que se queden a ayudarte.

LAVADO *FLASH*

Aunque lavar platos no es lo más divertido, puedes hacerlo con rapidez. Si tu lavaplatos tiene tapón para el sifón, úsalo. Llénalo de agua con jabón y enjabona todo. Luego cambia el agua y enjuaga. Si no hay tapón, usa un platón que, además, ahorra agua.

Predica y aplica

Cuando vayas a otras casas, haz lo que quisieras que tus amigos hicieran en la tuya:

Se atenta y educada. Los invitados que se ofrecen a ayudar son siempre bienvenidos.

Mantén tus cosas en orden y deja limpio el baño después de usarlo.

Informa a los adultos que estén en la casa quién te va a ir a recoger y a qué horas.

Despídete y da las gracias.

Si quieres pasar a visitar a alguien y no has sido invitada, llama antes para no ser inoportuna.

LOS 7 MEJORES PLANES QUE HE HECHO EN MI VIDA HAN SIDO:

1. ....
   ....
2. ....
   ....
3. ....
   ....
4. ....
   ....
5. ....
   ....
6. ....
   ....
7. ....
   ....
   ....

Si alguien te invita a preparar una comida deliciosa, a jugar algo divertido o a pasar un rato, lo más educado es devolver la invitación. Busca una oportunidad para hacer algún plan con la persona que te invitó y así corresponderle la atención.
Si no puedes hacerlo por cualquier circunstancia, agradece la invitación y ten un detalle con la persona.

Trotamundos

Si viajas con tu familia, ten en cuenta lo siguiente:

 Alista lo necesario para el viaje y ofréceles ayuda a tus papás si todavía hacen por ti cosas como sacar pasaporte y las visas, empacar lo apropiado, calcular el dinero, etc.

Recuerda que en los viajes por lo general hay que compartir espacios, así que las mismas reglas que se aplican en la casa rigen en estos casos. El respeto mutuo es la clave.

Vístete bien, viajar mal vestida puede proyectar una imagen equivocada de ti.

Sé amable con todos, incluyendo el personal de la aerolínea o el bus y los pasajeros.

Burlarse de los demás es de muy mala educación y ofensivo. Ponte en los zapatos del otro y evita hacerlo.

Otra parte de la familia

Tener mascota es una gran responsabilidad. Pero, recuerda que no todo el mundo tiene empatía con los animales. Para que ni tú ni tu mascota incomoden a nadie, ten en cuenta:

Limpiar detrás de tu mascota. Esto incluye todo tipo de desastres en la calle o en la casa, y el pelo de la mascota.

Nunca auto-invitar a tu mascota a la casa de otra persona.

Controlar a tu mascota; a casi nadie le gusta que los animales se les manifiesten.

Asegurarte de que camina y corre lo suficiente. Molestará menos si hace bastante ejercicio.

SORPRESAS PARA LAS MASCOTAS

Las mascotas son, sin duda, otros miembros del clan familiar. Necesitan atención y cariño. Sorprende a la tuya con un detalle:

◆ Si es un gato, házle una bola con un cascabel adentro.

◆ Si es un perro, házle un hueso con medias viejas.

◆ Si es un hamster, hazle un baño de arena fina para que se revuelque.

◇ Si es un conejo, hazle un túnel o júntale rollos de cartón para que juegue.

◆ Si es un loro, ármale un columpio con una tablita y cuerdas.

DISTINCIÓN EN LA MESA

A LA MESA

Nadie quiere avergonzarse en público y mucho menos en la mesa. Cenar con alguien que come como un chancho es poco agradable.
Tener buenos modales en la mesa y saber cómo ponerla es importante para sentirnos a gusto y poder atender bien a los invitados.

Para empezar

Siempre que te sientes a la mesa ten en
cuenta lo siguiente:

Siéntate derecha, es más elegante y ayudará a evitar que te
salpiques.

Abre la servilleta y ponla sobre tu canto.

No empieces a comer antes de que la anfitriona levante su
tenedor o indique que puedes seguir.

Come en bocados pequeños, es difícil verse como una princesa
cuando te cuelga lechuga de la boca.

Mastica silenciosamente, con la boca cerrada. Nunca hables con
la boca llena.

Mastica lentamente. No solo es educado sino
bueno para la digestión.

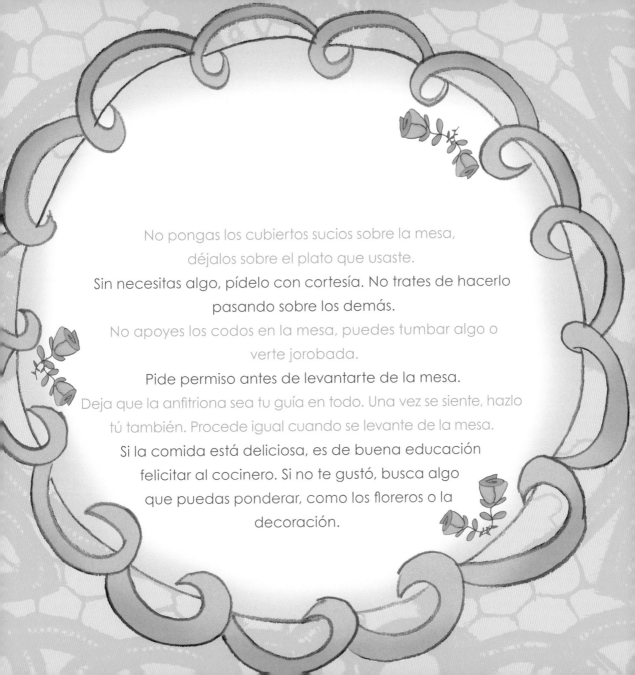

No pongas los cubiertos sucios sobre la mesa,
déjalos sobre el plato que usaste.

Sin necesitas algo, pídelo con cortesía. No trates de hacerlo
pasando sobre los demás.

No apoyes los codos en la mesa, puedes tumbar algo o
verte jorobada.

Pide permiso antes de levantarte de la mesa.

Deja que la anfitriona sea tu guía en todo. Una vez se siente, hazlo
tú también. Procede igual cuando se levante de la mesa.

Si la comida está deliciosa, es de buena educación
felicitar al cocinero. Si no te gustó, busca algo
que puedas ponderar, como los floreros o la
decoración.

¡Se me chispoteó!

Todo el mundo puede tener accidentes en la mesa. Si no sábes qué otra cosa hacer, simplemente dí "lo siento".

Evita derramar cosas. Si tienes que levantar el plato de la sopa para aprovechar la última cucharada, inclínalo hacia el centro de la mesa, no hacia ti.

Si derrramas algo, discúlpate y ayuda a limpiar.

Si tienes que estornudar o si por accidente eructas en la mesa, ofrece disculpas.

Si inadvertida-mente usas el cubierto equivo-cado, corrígelo sin decir nada. Lo más probable es que nadie lo note.

¿Quién tiene mi pan?

Uno de los errores más comunes en la mesa, es comerse el pan de otro. Tu plato del pan está al lado izquierdo. Parte el pan antes de comerlo. Nunca lo lleves entero a la boca para morder. Si quieres untarle mantequilla, sírvete un poco en el plato. Así no tendrás que pedir todo el tiempo que te la pasen.

Bocados premiados

Si al masticar sientes algo extraño que no debería estar en la comida, como un hueso o una espina, sácalo discretamente de la boca con los dedos y déjalo en el borde del plato, Sé discreta y no hagas mención al incidente.

Con tenedor y cuchillo

En el mundo hay distintas formas de cortar y comer. Si usas tenedor y cuchillo, lo mejor es hacerlo sosteniendo el tenedor con la mano izquierda y el cuchillo con la derecha, el filo hacia abajo y el índice sobre la parte superior. Inserta el tenedor en el alimento, cerca al borde, y corta el pedazo, realizando un movimiento de sierra, no tratando de partirlo a presión. Una vez cortado, puedes llevar el pedazo a la boca o dejar el cuchillo en el plato y cambiar de mano el tenedor para llevarlo a la boca.

Nunca apuntes o señales con el cuchillo. Es de mala educación y puede percibirse como amenaza o tumbar algo.

A cucharadas

Sorber es
imperdonable.
Para llenar la cuchara,
húndela de tu lado hacia el centro de la mesa,
con esto evitarás salpicarte.
No llenes la cuchara al tope; es difícil ser elegante si
hay que mantener el equilibrio para no regar.
No tienes que introducir toda la cuchara en la
boca, toma por el lado.
Cuando termines, si el plato es pando,
pon la cuchara suavemente sobre él.
Si es hondo, ponla sobre el
plato base.

Si necesitas algo que no está sobre la mesa, no lo pidas; puede hacer que la anfitriona se sienta mal por haberlo olvidado.

Palitos chinos

Los palitos chinos son los cubiertos asiáticos. Aprende a usarlos por si algún día vas a un restaurante oriental o te invitan a una comida y te sorprendes con que han puesto palitos en lugar de tenedor. Úsalos así:

Sostén firmemente el que va debajo con el pulgar y el anular.
Sostén el que va encima con el pulgar, el índice y el corazón, como quien agarra un lápiz.
Mueve el de arriba para coger la comida.

Entre otras, los palitos no son para...

Pasar la comida con ellos a los
de otra persona o viceversa.

Chuzar la comida y
dejarlos clavados
en ella, y mucho
menos si se trata
de tazones de arroz.

Hacer otras cosas mientras tienes los palitos en la mano,
déjalos sobre su soporte para no sacarle los ojos a alguien.

Señalar a las personas con ellos o moverlos con la mano mientras
hablas, como si fueras un director de orquesta en plena presentación.

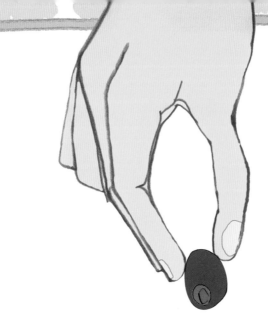

Se vale con los dedos

Hay una buena cantidad de alimentos que se comen con la mano, como los sanduchitos, los *petits fours* y otros pasabocas. Si no estás segura de cómo hacerlo, usa los cubiertos y el sentido común: nadie se come una barra de chocolate con tenedor y cuchillo.

¿Cómo lo como?

Algunos alimentos pueden ser engañosos. ¿Qué hacer con las costillitas a la barbacoa o los caracoles al ajillo? Si no estás segura, mira a los demás y síguelos. Haz lo mejor que puedas, teniendo cuidado de no mancharte o hacer reguero.

Los cubiertos también hablan

Hay manera de darles señales a los meseros con la posición de los cubiertos, sin necesidad de hablar:

Si cruzas los cubiertos en el centro del plato, quiere decir que todavía estás comiendo.

Para indicar que terminaste, pon los cubiertos paralelos el uno al otro, en diagonal, como señalando las 10:20

El encanto de la mesa

El arreglo de la mesa depende de la ocasión.
Cuanto más elegante la comida, más platos
se sirven y más cubiertos hay. Puedes divertirte
decorándola con flores, velas o lo que te inventes.
Sin embargo, no elijas cosas muy altas ni muy
anchas, para que los invitados puedan interactuar
y haya espacio en la mesa para lo que se ofrezca.

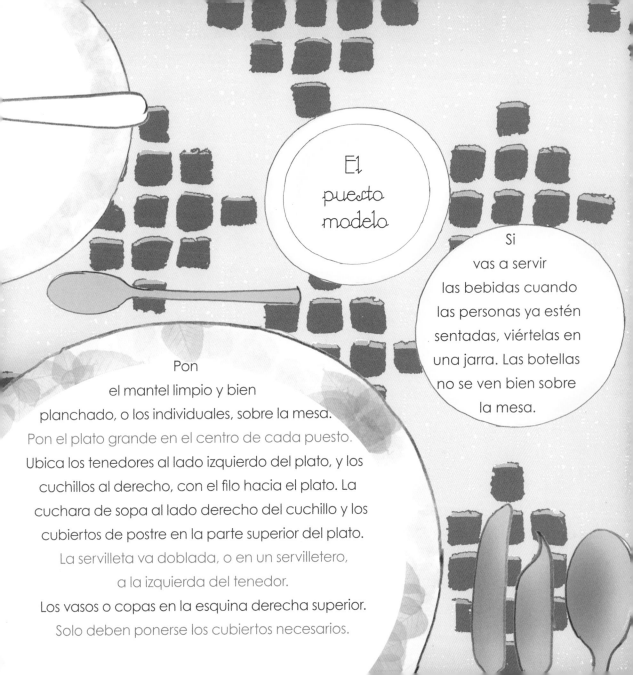

El
puesto
modelo

Si
vas a servir
las bebidas cuando
las personas ya estén
sentadas, viértelas en
una jarra. Las botellas
no se ven bien sobre
la mesa.

Pon
el mantel limpio y bien
planchado, o los individuales, sobre la mesa.
Pon el plato grande en el centro de cada puesto.
Ubica los tenedores al lado izquierdo del plato, y los
cuchillos al derecho, con el filo hacia el plato. La
cuchara de sopa al lado derecho del cuchillo y los
cubiertos de postre en la parte superior del plato.
La servilleta va doblada, o en un servilletero,
a la izquierda del tenedor.
Los vasos o copas en la esquina derecha superior.
Solo deben ponerse los cubiertos necesarios.

Cenas encopetadas

Las cenas formales difieren de las básicas en que son más elaboradas. Sigue los siguientes pasos:

Pon una mesa básica y agrega los cubiertos adicionales que necesites de acuerdo con el menú, ubicándolos de afuera hacia adentro en el orden de los platos. Por ejemplo, si tu primer plato es una ensalada, los cubiertos correspondientes deben estar en el extremo exterior.

Recuerda: los cubiertos van siempre de afuera hacia adentro.

SiLvia

Pon un plato adicional para el pan, en la esquina superior izquierda del plato principal.

Marca los puestos de los invitados si quieres que se sienten en un orden especial. Puedes hacerlo con lindas tarjetas especiales para ello. Si no estás segura de qué tenedor usar, sigue la misma lógica que empleaste al poner la mesa.

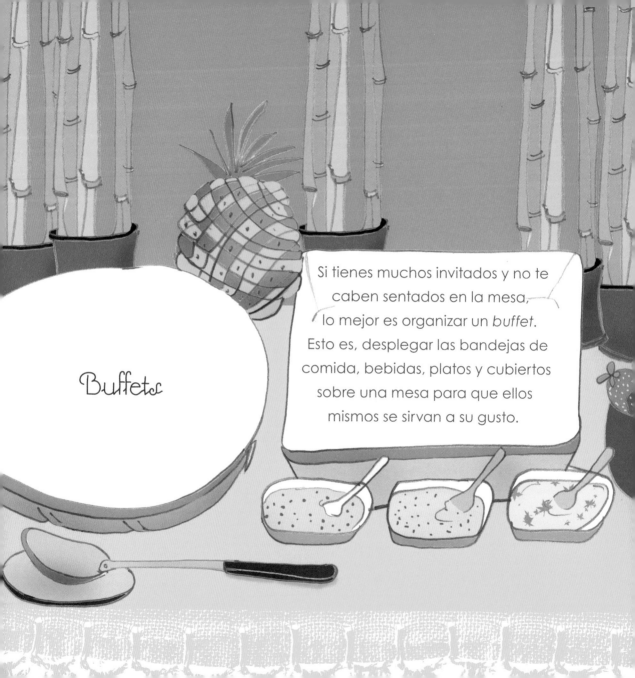

Buffets

Si tienes muchos invitados y no te caben sentados en la mesa, lo mejor es organizar un *buffet*. Esto es, desplegar las bandejas de comida, bebidas, platos y cubiertos sobre una mesa para que ellos mismos se sirvan a su gusto.

Debes organizar la
mesa, de manera que haya un
flujo ordenado: comenzar por los cubiertos,
las servilletas, los platos y luego la comida.
Cuando escojas el menú, ten presente que
los invitados comerán con el plato
sobre sus piernas y se les puede
dificultar tener que cortar
algo con cuchillo.

MAIA

EL PODER DE LA AMISTAD

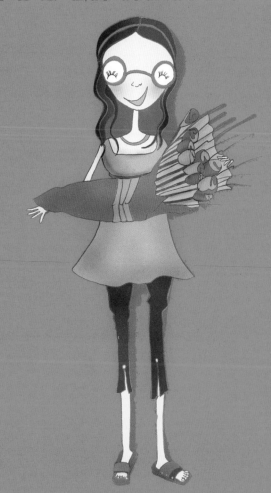

LA AMISTAD

Los amigos son una parte muy importante en la vida de los seres humanos. Algunas personas son tímidas y les cuesta trabajo hacer amigos. Pero la realidad es que amigos pueden encontrarse en todas partes y hay que cuidarlos como un tesoro por todas las cosas lindas que nos dan. Los amigos son para divertirse, para ayudarte a sentir bien cuando estás preocupada o estresada y para enseñarte el valor de las personas en nuestras vidas. Las amistades cultivadas pueden durar la vida entera.

Amigos, siempre amigos

Haz que tus amigos se sientan especiales por lo que son.

Trata de mantener relaciones equilibradas.

Asume y enorgullécete de lo que te hace diferente.

Respeta a tus amigos.

Guarda los secretos de tus amigos.

Déjales saber a tus amigos que cuentan contigo en las duras y las maduras y evita juzgarlos.

Sé un buen oído para ellos.

TUTTI FRUTTI AL CORAZÓN

Júntate con un grupo de amigas y prepara tu propio salpicón de la amistad. Siempre es delicioso, a la vez que distinto, pues cambia según el gusto de las amigas.

Pide a cada amiga que traiga su fruta favorita, aporta una tú también y ten a la mano unas cuantas naranjas o mandarinas para el toque final.

Entre todas pelen, retiren las semillas, piquen las frutas y pónganlas en una jarra. Agrega jugo de naranja o mandarina para humedecerlas y unos cubitos de hielo para refrescarlas. Al servir pueden agregarle pétalos de flores comestibles —rosas o jazmín—, especias, hierbas aromáticas y, de pronto, hasta helado.

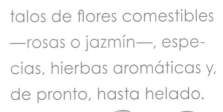

Ampliando el círculo

Si conoces a alguien que crees que podría ser un buen amigo, preséntate correctamente. Todo lo que necesitas decir es: "Hola mi nombre es Luisa". Sin importar en dónde hagas un nuevo amigo, preséntalo a tus papás cuando tengas la oportunidad. La manera de hacerlo es también sencilla: "Mamá, esta es Juanita, mi nueva amiga". También deberás conocer a sus papás y presentarte con amabilidad. Las amistades necesitan trabajo mutuo. Es importante aprender a meterse en los zapatos de los demás y recordar que hay que tratar a los amigos de la forma en que a uno le gustaría serlo.

El hecho de que un amigo tenga una relación más informal con uno que con otros no significa que se pueda tratarlo con menos respeto.

MÓVIL DE LAS AMISTADES

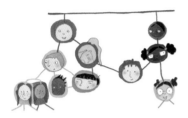

Para armar este móvil, usa tarjetas, fotos o dibujos plastificados. Empieza con el tuyo y el de tu primera amiga. Agrega debajo dos o tres tarjetas de amigas que cada una ha hecho y que, a su vez, son amigas de las otras. Sigue así hasta donde quieras. Lo puedes hacer sola o en grupo. ¡Nuevas amigas traen más amigas!

Recuerda que si haces un nuevo amigo en internet, nunca debes darle datos personales como dirección, teléfono o contraseña. Los amigos virtuales no siempre resultan ser lo que parecen y las buenas costumbres exigen que los papás conozcan a estas personas antes de que puedan tener acceso a esta información.

 ¿Eres una buena amiga?

1. Una amiga te cuenta que el niño que le gusta le acaba de decir que ella no le gusta a él.

    A. ¿Le dices que no se preocupe porque, de todas formas, era un tonto?

    B. ¿Te solidarizas con ella, le das unos pañuelos y la dejas que llore?

2. Una amiga te llama y admite que fue un error haberte dejado por fuera durante el recreo.

    A. ¿Le dices que no quieres hablar nunca más con ella?

    B. ¿Le dices que te hirió, le preguntas por qué lo hizo y luego te olvidas del tema?

3. Una amiga te invita a cine, pero a ti no te gusta la película que escogió para ver.

    A. ¿Le dices que por ningún motivo vas a ver esa película y le sugieres otra?

    B. ¿Entras y ves la película que ella quiere ver porque ¿qué tan mala puede ser?

4. Una amiga te cuenta que sus papás se están divorciando, pero que se trata de un secreto.

    A. ¿Llamas a los amigos comunes y les cuentas?

    B. ¿La abrazas y le dices que estarás lista por si necesita hablar con alguien?

5. Tu amiga se hace un nuevo corte de pelo que te encanta.

    A. ¿Vas y te haces el mismo corte para parecer gemelas?

    B. ¿Le dices que se ve muy bien pero no quieres verte igual?

6. Tu amiga está triste y no quiere planes para el fin de semana.

    A. ¿La convences de ir a jugar a tu casa de todas formas?

    B. ¿Entiendes que a veces las personas necesitan estar solas?

Si escogiste "A" en la mayoría de los casos: definitivamente necesitas trabajarle a tus modales de amistad.

Si escogiste "B" en la mayoría de los casos: definitivamente valoras tus amistades y eres una verdadera amiga.

¿Me haces un favor?

Nadie puede hacerlo todo sin ayuda. Habrá momentos en que tengas que pedirle un favor a alguien. No dudes, lánzate y pregunta.

¿Cómo pedirlo?

Acércate a la persona, explícale que necesitas un favor, en qué consiste y por qué.

No olvides pronunciar las palabras mágicas "por favor" y "gracias", en persona o mediante una linda nota.

Hola, Maia, necesito un favor. Tengo que quedarme al club de ciencias después del colegio pero tengo que limpiar la jaula de mi hamster. ¿Por favor, me la podrías limpiar? A cambio yo te saco a pasear a Fido mañana. Muchas gracias, FIONA

Ser la estrella de los favores es señal de que eres una buena amiga. Pero, recuerda, no tienes obligación de hacerlos todos.

No te desveles pensando cómo recompensar un favor recibido. Sencillamente, hazle un favor a alguien.

Mentiritas blancas

Decir la verdad cruda puede ser a veces complicado. Aunque no se debe mentir a los amigos, hay momentos en que la franqueza puede herir sentimientos.
No se debe mentir para salvar el pellejo si se sabe a conciencia que se ha hecho algo mal. Cuando uno es confrontado, lo mejor es decir la verdad.

A veces la verdad puede entrar en conflicto con una buena educación. Si un amigo te invita a ver un espectáculo —que a él le gustó y a ti no— y luego te pregunta cómo te pareció, las normas de etiqueta dirían que debes responder algo como: "No estuvo mal, pasé un buen rato contigo. Mil gracias", en lugar de "Me pareció espantoso, mejor no hubiéramos venido". Porque si le contestas así, tu amigo también puede pensar: "Mejor no haberla invitado".

¿Me perdonas?

Todo el mundo comete errores en algún momento o hace algo que deja un mal sabor. Si has hecho algo que haya herido a un amigo o lo haya afectado, tienes que disculparte. No se trata de armar una escena, sencillamente di "lo siento".

Disculpas por el mundo

I am sorry	Je suis desolé
Mi dispiace	Entschuldigung
Gomen nasai	Ik ben droevig
Desculpe	Paumanhin
Ho sento Slijá	Menyesal
Sajnálom Je mi líto	Lo siento

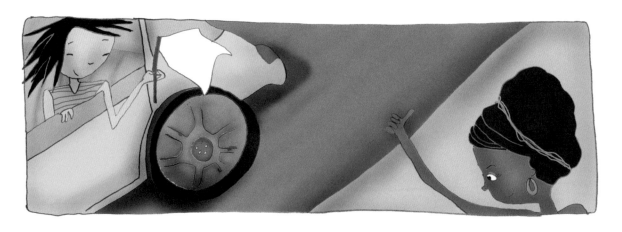

Copietas

Tu estilo individual hace parte de tu
personalidad y aunque la imitación pueda ser
una forma de halago, no siempre es agradable
que una amiga te copie. Si de buena manera
le sugieres otras opciones o sutilmente le
dejas ver las diferencias que hay entre las dos,
destacando sus fortalezas, tal vez le ayudes a
ganar seguridad y a desarrollar su propio estilo.
Aunque en ocasiones pueda desesperarte,
trata de verlo como si lo hiciera por admiración
a tu gusto. Lo más probable es que sea una
etapa pasajera. Pero, si se pasa de la raya,
háblalo con ella para no afectar la amistad.

Cuando alguien te
pondere algo, responde
siempre con amabilidad
"muchas gracias".

Amigas a prueba de todo

Las amigas de verdad aceptan a los demás por lo que son y celebran sus diferencias. Nunca deberías criticar a una amiga por algo que le sea imposible cambiar, como su familia. Decirle a una amiga "Tu hermano es lo peor. No lo puedo ver ni pintado", solo logrará hacerla sentir mal por su hermano (así ella tampoco se lo aguante) y preocuparse porque ustedes no puedan pasar un buen rato cuando él está presente. Por otro lado, si un amigo te pide consejo sobre algo específico que sea posible de mejorar, la crítica discreta, cariñosa y constructiva es lo indicado. Si una amiga le dice a otra: "Podrías decirme qué piensas de mi ensayo", y la otra lo lee y le dice: "Está súper, pero a lo mejor le puedes trabajar un poco la introducción que no está muy clara", resultará un consejo a tiempo que le da la oportunidad de mejorar.

Detallitos

Hay ocasiones en que quieres dar un detalle como muestra de cariño. Los cumpleaños son los más obvios, pero también hay otros momentos en que quisieras que un amigo supiera que lo estás pensando.

¿Qué regalar?

Cuando de regalos se trata son muchas las opciones y pocas las reglas al respecto. Lo más importante es recordar que el regalo debe salir del corazón. Si no se te ocurre nada, tal vez puedas preguntarle si tiene algún antojo especial. O, si es una amiga de tu edad, darle algo que a tí te gustaría recibir.

Si estás ahorrando para comprarte algo grande, como un tapete de yoga del que estás antojada, no está mal visto dejarle saber a las amigas por si quieren juntarse y dártelo de cumpleaños. Sin embargo, pedir dinero (lluvias de sobres) son de muy mal gusto.

Lo que no tiene pierde:

 Una comida favorita

 Algo hecho por ti

 Una boleta para algo que creas que le guste, como un cine o un concierto.

 Un bono para algo

 Un buen libro

Música

 Un lindo empaque puede ser tan especial como el regalo mismo y reflejar el cariño y empeño que le pusiste.

UN EMPAQUE MUY JAPONÉS

Despliega un pedazo de tela bonita, suficientemente grande para poder envolver el objeto. Ponla en diagonal, con una esquina hacia ti. Coloca el regalo en la mitad y dobla esa esquina hasta cubrirlo. Trae la otra esquina hacia ti, dejando colgar lo que sobre de tela. Junta los otros dos extremos en un nudo o lazo sobre el centro del regalo. Si el objeto es redondo, une dos extremos y entórchalos

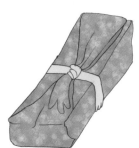

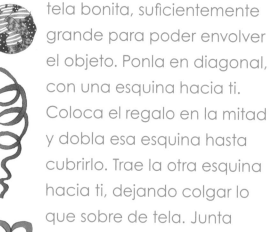

en un nudo para que no se suelten. Ata los otros dos extremos, dejando un espacio para pasar la mano, como formando una manija.

ENTREGAS DIVERTIDAS

PAPEL HECHO POR TI

La forma de entregar un regalo es parte del mismo. Una manera ingeniosa es preparar una caja llena de pistas sobre lo que se va a recibir. Puedes poner letras, frases o elementos alusivos. Otra forma es organizar una "búsqueda del tesoro", en que le entregas al homenajeado pistas para que busque su regalo. También puedes despistar, empacando el regalo en algo que no corresponda en absoluto a su tamaño real.

Puedes usar prácticamente cualquier cosa para empacar un regalo. Desde papel reciclado, hasta telas, gasa, bolsas, cartón u otro material. También puedes hacer uno original pintado por ti con cualquier técnica. Otra forma es hacer un *collage* con recortes divertidos de revistas o periódicos, agregándole texturas con pedazos de tela y dibujos o mensajes escondidos.

Si la regalada eres tú...

Lo más importante cuando recibas un regalo es decir, "muchas gracias", aunque te den algo que no te llame la atención. Si estás desilusionada con el regalo, no lo demuestres. De cualquier manera debes estar agradecida.

Nunca lo hagas

La idea de los regalos es que se
sientan especiales y no obligatorios.
A menos que encuentres uno que
funcione perfectamente para todas
tus amigas o sepas que nunca se darán
cuenta, no debes darle lo mismo a
varias de ellas. Podría parecer desinterés
y pereza de tu parte.

Reciclar regalos, es
decir, regalar algo que
te hayan regalado puede
ser peligroso. Te expones
a herir los sentimientos
de quien te había dado
el regalo, y la impresión
que le dejas al que
ahora lo recibe no
es la mejor.

¡Qué envidia!

La envidia se presenta cuando sientes celos de alguien y no le deseas el bien. De vez en cuando, aunque admires a una amiga y te sientas feliz por sus logros, puedes llegar a sentir envidia. Pero esto también puede ocurrir a la inversa. ¿Cómo manejarlo?

Cuando la sientas

Deja que el éxito de tus amigos sea una inspiración para alcanzar tus metas; si ellos pueden, tú también.

Alégrate por ellos; a ti te gustaría que ellos se alegraran si la situación fuera al contrario.

Si una amiga te envidia

Confróntala y trata de hablar al respecto.

No le prestes atención a lo que diga o haga.

No compitas con ella. Cada una a lo suyo.

Si no lo supera y se porta mal, aléjate de ella.

LIBRO DE RECUERDOS

Un lindo detalle con una amiga que se va es hacerle en grupo un libro de despedida, en que se incluyan recuerdos, fotos, cartas, detalles o dibujos que destaquen los momentos inolvidables que hayan pasado juntas.
Si cada amiga, hace en secreto su propia página, cuando se junten todas, la sorpresa no será solo para la viajera.

Nunca es fácil decir adiós

Algunas veces los amigos se van. Aunque vayan a vivir lejos, hay formas de seguir en contacto. Si están dispuestos a trabajar por la amistad, puede durar tanto como quieran.

Mantener las amistades demanda trabajo, pero vale la pena. No esperes a que tus amigos te llamen, házlo tú. Seguir en contacto no es fácil para todo el mundo.
¡Deja la timidez y da tú el primer paso!

Postdata: ¡No te pierdas!

Llamadas

El compromiso de llamarse una vez al mes, le permite a cada amigo seguir al tanto de la vida del otro. Asegúrate, eso sí, de que los dos tengan autorización de los papás. Las llamadas de larga distancia son costosas.

Cartas

A todo el mundo le gusta recibir una linda nota de vez en cuando en el correo.

Visitas

Según la distancia a que vivan, siempre es posible una visita. Habla con tus papás a ver si es posible.

E-mails

El internet es una forma maravillosa y económica de comunicación. Si tus papás te permiten usar el correo electrónico, puedes abrir una cuenta y escribir con alguna frecuencia.

El final de una amistad

No te sorprendas si te sientes triste o furiosa al terminar una amistad. Es normal sentirse así cuando esto ocurre.

Las amistades a veces se terminan. Esto puede ocurrir cuando los amigos se alejan, tienen diferencias de opinión insalvables, o se separan y pierden contacto. Si quieres salvar la amistad habla con tus amigos sobre lo que está pasando a ver si se puede arreglar.

Terminar es difícil

Cuando definitivamente los problemas no tienen solución, es mejor terminar la relación que exponerse a resultar herido. Siéntate con tu amigo y, de manera cordial, dile que tal vez ya no son buenos el uno para el otro. Si no funciona, deja que la relación se enfríe. Esto no quiere decir ser antipática, no volverle a hablar o a contestar las llamadas, pero cada día estarás menos disponible, hasta que llegue el momento en que entienda el mensaje.

No permitas que nadie te maltrate, pero tampoco te pongas al nivel de quien lo haga. Mantén la calma y educadamente hazle saber que su comportamiento no es agradable y pídele que se detenga. Esto puede ser más fácil si estás con amigos que te apoyen.

SABRINA

RESPETO EN EL COLEGIO

MI COLEGIO

El colegio te prepara para la vida, llenándote de conocimientos y vivencias útiles para tus desempeños futuros. El colegio, además, te permite conocer amigos que, muchas veces, te durarán la vida entera. Aunque a veces te cansen las exigencias de los adultos, con un poquito de etiqueta ésta puede ser una etapa agradable para ti y los que te rodean.

¡Sonó el despertador!

El caos de la mañana es muy
parecido en todas las casas.
Hay muchas formas de llegar
al colegio y todas tienen reglas
sencillas de seguir. No importa
cómo llegues, siempre debes
llegar a tiempo.

Nunca aceptes si un desconocido se ofrece a llevarte,
ni te subas al carro de
alguien sin permiso.

A pie

No te apoderes del andén,
no es tu propiedad privada.
Hazte a un lado si te das cuenta
de que alguien detrás tuyo está
de afán y necesita pasar.

Mucho cuidado al cruzar la
calle. Espera a que el policía de
tránsito o el semáforo den la señal.

En bus

Sube y baja con prontitud.

Saluda al conductor.

No acapares el asiento.

No comas ni mastiques chicle.

No dejes basura.

En automóvil

Llega puntual al lugar de recogida. No traigas pasajeros imprevistos. Si quieres invitar a alguien, avisa a tiempo.

No distraigas al conductor, puede ser peligroso.

No comas ni dejes basura en el automóvil.

Dale siempre las gracias al adulto que te lleva todos los días.

Minutos preciosos

Por lo general no hay mucho tiempo antes de que empiecen las clases. Aprovecha el rato que tengas para saludar y organizarte. Si tienes que ir al baño, ese es el momento.

✓ Saluda a todos al entrar al salón, ve al pupitre y alista tus útiles.

🍎 Si tienes cita con un profesor, vé a cumplirla. Si aún está con alguien, retírate y espera. Nunca te quedes escuchando una conversación que no te incumbe.

Si necesitas estudiar algo a última hora, diles a tus amigos para que no te distraigan.

Respeta a los que estén estudiando antes de clase.

Aunque los libros son pesados, a veces cargarlos puede ser un buen ejercicio. Pero, si ves que a alguien le cuesta mucho trabajo hacerlo, ofrécele ayuda o ábrele la puerta.

CRAYOLAS RECICLADAS

Necesitas: moldes plásticos para chocolates y trozos de crayola viejas que quieras reciclar.

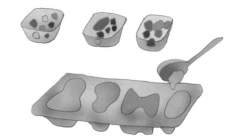

Parte las crayolas en trocitos y échalas (por colores o combinadas) en recipientes pequeños que puedan ir al microondas. Derrítelas y rellena los moldes de chocolate. Si son moldes de muñequitos, puedes pintarles primero los detalles con un pincel y luego rellenar el molde con color diferente, usando para ello una cuchara. Déjalas endurecer. ¡Serán muy originales!

SELLITOS DE PAPA

Necesitas: 1 papa; 1 cuchillo y 2 cortadores de galleta pequeños.

Corta la papa bien recta por la mitad. En cada parte clava un cortador de galletas para hacer 2 sellitos. Escoge una silueta sencilla. Con el cortador todavía insertado, retira la papa sobrante de los bordes. Ten cuidado de no cortarte. Luego retira el cortador y, si es necesario, pule los bordes. Repite con la otra mitad de papa. Ahora tienes 2 sellitos para untar con tinta y decorar tu papelería.

Lo que puede decir tu casillero

1. Cuando abres tu casillero:

    A. ¿Se te viene encima una pila de libros, notas y cosas?

    B. ¿Todo está en su lugar como si hubiera pasado la aseadora?

    C. ¿Ves la foto de tu cantante favorito?

2. Cuando abres tu casillero:

    A. ¿Huele al almuerzo de hace 3 días?

    B. ¿Huele al ambientador que echaste la semana pasada?

    C. ¿Huele a un rico perfume?

3. Cuando abres tu casillero:

    A. ¿Nunca encuentras la tarea?

    B. ¿Puedes sacar rápidamente la lectura que te dieron ayer para la semana entrante?

    C. ¿Están los archivadores lilas con tu tarea frente a ti?

4. Cuando abres tu casillero:

    A. ¿Ves la punta de la bufanda que se te refundió?

    B. ¿Ves el horario pegado?

    C. ¿Ves una carta de amor sellada con un beso?

Si escogiste la mayoría de "A"

A ti y a tu casillero les sentaría un poco de organización, aseo y orden. Un pequeño esfuerzo te hará sentir mucho mejor.

Si escogiste la mayoría de "B"

Eres perfeccionista, por lo menos en lo que al colegio se refiere. No olvides la importancia de relajarte y pasar rico también.

Si escogiste la mayoría de "C"

Eres romántica perdida y muy femenina. Ojalá le pongas tanta atención al colegio como a los niños y a tu imagen.

La misión del día

Las tareas y la atención durante la clase ayudan a fijar y asimilar el conocimiento, al tiempo que permiten lograr buenas notas.

Haz las tareas, siguiendo las instrucciones del profesor. Si no entiendes bien qué hacer, trata lo mejor. El profesor verá tu esfuerzo.

Entrega pronto a tus papás las circulares y notas, especialmente si hay que devolverlas firmadas. Evita dejarlo para última hora.

Una cosa es pedir ayuda y otra esperar que alguien haga la tarea por ti.

Los maestros no te pondrán trabajos que no puedas hacer, así que ahórrate las disculpas.

> No hay nada más deshonesto que el plagio, es decir, acreditarse el trabajo de otros como propio. Si haces una investigación para un ensayo, incluye siempre los créditos debidos.

El colorante de las bebidas en polvo tiende a manchar las manos. Usa guantes de plástico para amasar.

PLASTILINA AROMÁTICA

Necesitas: 4 tazas de harina; 1 taza de maicena; 1 taza de sal; 7 cucharadas de una bebida en polvo; 3 cucharadas de aceite vegetal; 2 tazas de agua hirviendo.

Mezcla los ingredientes secos. Incorpora los líquidos y amasa hasta obtener una pasta lisa. Refrigera y moldea figuras a tu gusto.

Test de personalidad y amor

1. Ordena según tus prioridades:

  a. Vaca
  b. Tigre
  c. Oveja
  d. Caballo
  e. Cerdo

3. Relaciona cada color con alguien:

  a. Amarillo
  b. Naranja
  c. Rojo
  d. Blanco
  e. Verde

2. Describe con una palabra:

  a. Perro
  b. Gato
  c. Rata
  d. Colibrí
  e. Delfín

4. Pide un deseo y luego escribe tu número y día de la semana favoritos.

Número:

Día:

¡A INTERPRETAR SE DIJO!

1. Prioridades de tu vida

Vaca: tu carrera

Tigre: tu orgullo

Oveja: el amor

Caballo: tu familia

Cerdo: el dinero

2. Significado de tus descripciones:

Perro: tu personalidad

Gato: tu alma gemela

Rata: tus enemigos

Colibrí: tus amigos

Delfín: tu propia vida

3. Significado de las personas en tu vida:

Amarillo: no te olvidará

Naranja: incondicional

Rojo: verdadero amor

Blanco: alma gemela

Verde: nunca lo olvidarás

4. Número y día favoritos

El deseo se te cumplirá el día que pusiste, si le pasas este juego al número de personas que escogiste.

  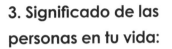

Recuperando esas ausencias...

Pregúntale a un compañero qué te perdiste, ojalá el mismo día, para empezar a desatrasarte.

En el colegio no solo cuenta lo académico, así que pregunta qué otras cosas te perdiste.

Copia los apuntes de algún compañero tan pronto vuelvas al colegio y pídele que te explique lo que no entiendas. Si sigues sin entender algo, haz una cita con el profesor para que te lo explique en algún momento.

AGÜITA PARA CONSENTIRTE

Hierve 2 tazas de agua con un pedacito de jengibre pelado. Retira del fuego e incorpora 2 cucharadas de miel. Deja reposar por unos minutos y añade el jugo de 1 limón. Esta rica aromática te hará sentir mejor.

 Si pierdes una clase sin permiso, debes estar preparada para asumir las consecuencias.

Con el debido respeto

Independientemente de que su clase sea o no tu favorita, los profesores tienen la misión de ayudarte a preparar para la vida. El respeto es la base de cualquier relación y los profesores se merecen el tuyo.

 Saluda a tus profesores cuando tú o ellos entren al salón.

 Llama a tus profesores por el nombre con que se presentan. Si la profesora dice "Soy la Sra. Pérez" o "Soy Juanita", llámala así.

 Si necesitas hablar con tu profesor, pídele una cita con anticipación. No de improviso.

 Si tu profesor sugiere tener elementos comunes, como una canasta de útiles, úsala y cuídala.

¡Ni lo pienses!

Nunca esculques el escritorio ni las cosas del profesor.

No hagas pataletas, ni confrontes a los profesores delante de tus compañeros.

No te le quejes al profesor por e-mail, házlo en persona.

No pidas cosas absurdas. ¡El profesor no podrá dictar clase en un centro comercial!

No des excusas inverosímiles por tu incumplimiento. El profesor te respetará más si dices la verdad y asumes las consecuencias.

Aunque no es necesario darles regalos a los profesores, puede haber momentos del año en que quieras expresarles tu agradecimiento. Si este es el caso, tu profesor apreciará mucho una nota cariñosa, un lindo dibujo o una galleta hecha por ti. Es innecesario e injusto con tus papás hacerlos comprar algo con este fin.

 ¿Divina o aterradora?

¿Qué crees que los profesores dicen de tí entre ellos?

1. Al entrar al salón, tú:

A. ¿Te sientas mal y pones los pies en la silla de enfrente?

B. ¿Entras derecha, saludas a todos y alistas tus útiles?

C. ¿Llegas hablando con amigas y te sientas a planear la fiesta del próximo viernes?

2. A las preguntas del profesor, tú:

A. ¿Tratas de esconderte detrás del compañero de adelante?

B. ¿Levantas la mano y esperas tu turno para hablar?

C. ¿Gritas la respuesta y todo lo que se te ocurre, sin respetar el turno de los demás?

3. Durante una discusión en clase, tú:

A. ¿Te elevas y luego te preguntas de qué estarán hablando?

B. ¿Tratas de aportar algo interesante?

C. ¿Les cuentas a todos lo que tus papás piensan al respecto?

4. Al iniciar un nuevo tema, tú:

A. No le das importancia y se lo dices al vecino en una nota?

B. Te emocionas mucho.

C. ¿Interrumpes al profesor para hacerle saber a todos que tú ya conoces ese tema?

5. La clase está aburrida, tú:

A. ¿Te quedas dormida?

B. ¿Tratas de preguntar algo que los anime a todos?

C. ¿Te pones a charlar con un compañero y después le pides a la profesora que repita algo que ya explicó?

6. Llegas tarde a clase, tú:

A. ¿Le dices al profesor que se te pegaron las cobijas?

B. ¿Entras discretamente y le dejas el pase al profesor?

C. ¿Llegas corriendo y cuentas a toda la clase qué te pasó?

7. Oyes de una fiesta el viernes, tú:

A. ¿Durante la clase le mandas nota a un amigo a ver si va a ir?

B. ¿Te organizas para terminar tu trabajo y poder ir?

C. ¿Empiezas a probarte distintas pintas para que tus amigos opinen?

8. Uno de tus compañeros tiene problemas para entender algo, tú:

  A. ¿Te burlas de lo que dice y le pones un apodo?

  B. ¿Tratas de explicárselo de una manera sencilla?

  C. ¿Miras para arriba con impaciencia y te levantas con la disculpa de ir al baño?

9. Tu curso está trabajando en un gran proyecto, tú:

  A. ¿Olvidas tus cosas otra vez?

  B. ¿Traes materiales para tí y otros por si se necesitan?

  C. ¿Invades tu pupitre y los alrededores mientras trabajas?

10. Olvidaste acabar de leer el libro para el examen, tú:

  A. ¿Te copias de alguien?

  B. ¿Admites que se te olvidó?

  C. ¿Te estresas y golpeas los pies repetidamente?

11. La clase está por terminar y es hora del almuerzo, tú:

  A. ¿Sacas una manzana y te la empiezas a comer porque estás muerta de hambre?

  B. ¿Tratas de no pensar en el hambre que tienes?

  C. ¿Empiezas a empacar tus cosas para ser la primera en salir al sonar la campana?

Si sacaste "A" en la mayoría

Es muy probable que los profesores hablen de tí cuando se reúnen, pero no para ponderarte. Nunca es tarde para mejorar. ¡Contrólate!

Si sacaste "B" en la mayoría

Sin duda eres una alumna ejemplar. Sigue así, pero trata de no alejar a tus amigos con tu perfeccionismo.

Si sacaste "C" en la mayoría

Prefieres socializar a estudiar. Aunque eres popular, en ocasiones puedes llegar a desesperar a los profesores por tus descuidos en relación con las normas de etiqueta en la clase.

CORTESÍA ELEMENTAL

– Saluda a tus compañeros al entrar al salón, siéntate pronto y alista tus útiles.

– Levanta la mano cuando quieras decir algo.

– No interrumpas a los otros en medio de una discusión.

– Presta atención y no converses con el compañero de al lado.

– Controla las ganas de pasar papelitos o hacerte la chistosa cuando el profesor está de espaldas. Nota: pasarse papelitos es de mala educación, es tan feo como cuchichear.

– Mantente alerta.

– No distraigas a los demás.

– Piensa antes de hablar.

– Si llegas tarde, entra sin hacer ruido y sin distraer la atención del curso. Al finalizar la clase, explícale al profesor la razón y acepta las consecuencias.

– Si tienes que ir al baño, hazlo con discreción.

– Durante las clases actúa como si estuvieras despegando en un avión: no

utilices aparatos electrónicos prohibidos.

– No emplees palabrotas, eso solo logra demostrar una clara falta de

imaginación y de vocabulario.

– Alaba y apoya, no critiques.

– Evita las observaciones personales. Cuando sea del caso, guárdalas para los

cambios de clase o la hora del almuerzo.

– Mantén tu área de trabajo limpia y ordenada, no desperdicies materiales.

– No te copies de los demás.

– Usa el uniforme o lleva ropa adecuada para ir a estudiar. El colegio no es una

pasarela de modas.

– No empieces a empacar tus cosas antes de que suene la campana.

– No comas ni tomes nada en clase.

Zonas comunes

Los espacios como corredores, aulas, cafeterías y bibliotecas, están diseñados para ser compartidos. Recuerda estas reglas para evitar conflictos:

El corredor es como la calle, no le obstruyas el paso a los demás.

No tranques las filas.

No bloquees los casilleros.

Cuida las cosas del colegio.

Recoje siempre tus cosas.

Si algo se te riega, límpialo.

Si la cafetería está llena, come rápido para dejar puesto a otros.

No te burles de lo que otro trae para comer.

No pidas que te compartan la comida, pero ofrece compartir la tuya si, de pronto, alguien olvidó traer su almuerzo.

Las populares

A todo el mundo le gusta pasar tiempo con sus amigos, pero siempre es de mala educación excluir a otros. Sé considerada con los demás y no actúes de manera que luego te sientas incómoda.

Siempre hay chismes rodando por el colegio y, por lo general, no hay forma de saber si son ciertos o no. No se puede juzgar a nadie sin razón.

Ser antipática no te hará ganar el premio de popularidad y tal vez más adelante en la vida te arrepientas de lo mal que te portaste con alguien.

Tu lenguaje corporal también puede excluir. A nadie le gusta sentirse así. Abre tu grupo y no hables a espaldas de los demás.

A veces las parejas de novios tienden a ser excluyentes. Evita las demostraciones de amor en público.

Si por cualquier razón debes cambiar de colegio, recuerda que es más fácil hacer amigos si eres una persona alegre. Si te sientes nerviosa, toma un poco de aire y trata de sonreír.

No entregues invitaciones para un evento frente a personas que no están invitadas. A nadie le gusta sentir que lo dejen de lado, así que hazlo luego. El respeto mutuo es básico para todo en la vida, pero especialmente en el colegio.

Cuando uno se siente irrespetado, es muy difícil actuar con serenidad, pero recuerda que dos males no hacen un bien. Asume a ese compañero o maestro grosero como tu examen de modales. Si alguien es pesado contigo constantemente, hazle el reclamo de buen modo. Los demás te respetarán por saber defenderte con altura.

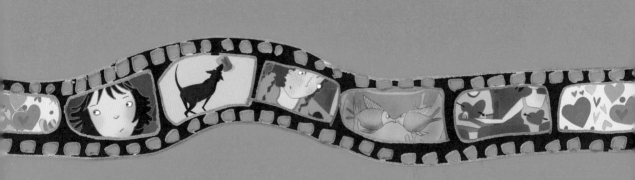

EMMA

LOS TRATOS EN EL AMOR

¡LLEGÓ EL AMOR!

Las citas son una manera de pasar tiempo con alguien que te interesa románticamente y de conocerse mejor. La otra persona estará tan nerviosa como tú y, como hay sentimientos de por medio, es importante aprender las reglas adecuadas en torno a esta antigua tradición del cortejo. Trata a la persona con quien salgas como te gustaría que te trataran a ti. Recuerda que cada cita es diferente, así que aprovéchala por lo que es.

¿Será que sí le caí bien?

¿A veces comunicarte con los niños te parece más difícil de lo que es en realidad? Tal vez a los niños les pase lo mismo con las niñas. El nerviosismo es un ingrediente fijo cuando empiezas a salir con alguien, porque ambos están preocupados por dejar una buena impresión. Eso hace que, algunas veces, los mensajes choquen: se dice una cosa y se hace otra. Trata de decir lo que tienes en mente y sé tú misma. De todas formas, si no les gustas por lo que eres, no son las personas indicadas para ti.

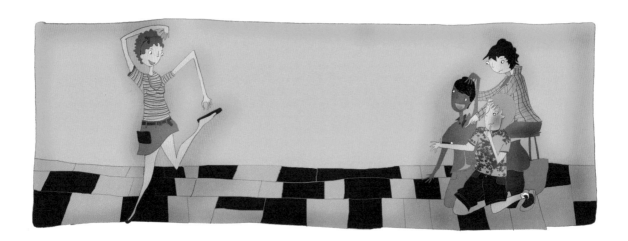

El coqueteo

El coqueteo es una forma natural de comunicación con alguien que te interesa afectivamente. Los niños y las niñas coquetean de distinta forma. Los niños, por lo general, coquetean haciendo chistes, mirándote, iniciando una conversación o tratando de impresionarte. Las niñas, por su parte, actúan de forma más femenina, pestañean o juegan con el pelo. No existen reglas a seguir mientras no envíes señales equivocadas. Coquetear con alguien que no te interesa es una mala broma que puede herir los sentimientos de otra persona.

UN CORAZÓN
POP-UP

Necesitas: 1 papel grueso de color, tamaño carta; ½ hoja de papel carta, de cualquier color; tijeras; pegante; marcadores.

En la 1/2 hoja recorta un corazón guía de 9 cm de altura.

Dobla el papel rojo en cuatro partes iguales y luego en dos por el eje vertical.

Dobla el corazón guía por la mitad y sobreponlo al cuadrante inferior del papel grueso.

Recorta un corazón, dejando los extremos laterales unidos al papel. Retira el corazón guía. El resultado debe ser este:

Dobla el corazón hacia los lados, para marcar la unión. Repite la operación para hacer otros dos corazones dentro del primero.

Antes de cerrar la tarjeta, dobla un corazón hacia adentro y otro hacia fuera para que se desplieguen al abrirla.

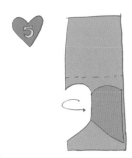 

Dobla la hoja horizontalmente, dejando los corazones adentro.

Finalmente, pega el interior de las tapas por sus bordes.

Tienes una hermosa tarjeta hecha por ti. Decórala y escribe un lindo mensaje.

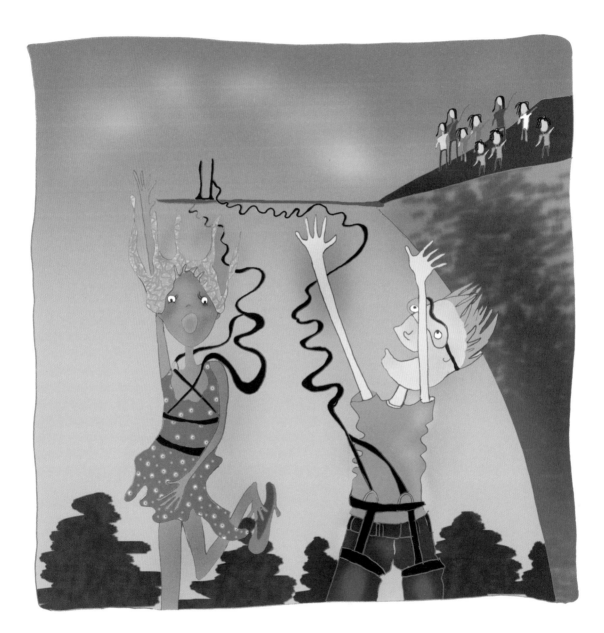

¿Sexos opuestos?

Aparte de las diferencias en personalidad y temperamento, hay otras entre hombres y mujeres que se agudizan con los años. Una parte importante de las relaciones, románticas o no, es el compromiso. Por eso, para sacar adelante una relación, hay que estar abierta a nuevas ideas y dispuesta a ceder.

¿Lista para salir?

Tú eres la única que sabe si estás lista o no para salir con alguien. De pronto quieras ensayar con una primera cita corta, por si acaso no te sientes a gusto. Si lo que te preocupa es estar sola con otra persona, una cita doble, es decir al tiempo con otra pareja, puede ser una opción apropiada para ti.

TÉ DE AMOR Y AMISTAD

Necesitas: cartulina roja o rosada; tijeras; bolsitas de té; pegante y marcadores

Corta dos corazones iguales en cartulina, por cada taza de té. Toma las bolsitas de té, retira las etiquetas con la marca pero deja las cuerditas. Escribe en un corazón un mensaje de amor y amistad, y en otro el nombre de cada invitado. Pega los corazones a las cuerdas y ponlos en las tazas correspondientes, marcando los puestos de los amigos.

BESITOS DE COCO

Necesitas: 2 claras de huevo; 2 pizcas de sal; ½ taza de azúcar; 1½ tazas de *corn flakes* triturados; 1½ tazas de coco rallado sin azúcar; ½ taza de chocolate blanco, picado; papel celofán rojo; papel.

Precalienta el horno a 325 °F y engrasa una lata de hornear. Bate las claras a punto de

nieve, añade la sal y el azúcar poco a poco e incorpora suavemente los *corn flakes*, el coco y el chocolate. Vierte cucharaditas de la mezcla en la lata y hornea de 7 a 10 minutos. Retira con una espátula y reposa. Envuélvelos en papel celofán, con mensajes escondidos, y repártelos entre tus seres queridos.

Choque de señales

Cuando de amor se trata, una cosa es lo que puedes decir con palabras y otra lo que llegas a sugerir con tus ademanes, miradas, risitas, y gestos. Sin proponértelo los dos mensajes pueden ser contradictorios.

El enamorado
- ♥ Mira a los ojos.
- ♥ Se inclina al acercarse.
- ♥ Sonríe con naturalidad.
- ♥ Se retoca el pelo y la ropa.
- ♥ Anda erguido, cabeza en alto.
- ♥ Manos siempre a la vista.

El desinteresado
- ♥ Se ve tenso y mira al piso.
- ♥ Se aleja de la otra persona.
- ♥ Mueve la cabeza todo el tiempo.
- ♥ Asume una postura descuidada.
- ♥ Oculta sus manos.
- ♥ Finge la sonrisa.

Detrás de la salida

Las citas no deben confundirse con "parchar", que es lo que hace la gente joven y que puede ser juntarse para estudiar o ver una película en casa de un amigo. Las citas son más formales y ocurren cuando hay una invitación específica, ya sea por parte de un niño o una niña, para salir y pasar un rato juntos.

Hay muchas opciones para una primera cita:

 Ir a comer helados

 Salir a bailar

 Dar una vuelta en bicicleta

 Ir a un concierto

Jugar bolos

Ir a cine

Visitar un museo

Iniciativas de lado y lado

Antes solo el niño podía invitar a salir, pero hoy en día se acepta que la niña tome la iniciativa.

Si tú invitas:

🍷 Llama personalmente siquiera 3 días antes del que quieras salir. Mandar una nota o pedirle a una amiga que pregunte por tí, es un síntoma de que aún no estás lista para estas cosas.

🍷 Sé clara sobre lo que quieres hacer en la cita.

🍷 Si quieres ir a un evento, llama con más anticipación para poder conseguir las boletas.

Si te invitan:

🍷 Acepta o rechaza la invitación con el mismo entusiasmo que te produzca la propuesta. Si te mueres por ir pero tienes otro compromiso para ese día, no dudes en decir, "Gracias, me encantaría ir, pero ese día tengo que ver a mi papá. Sin embargo, me gustaría ir en otra oportunidad".

Mejor de amigos...

¿Qué haces si te invita a salir
un niño que no te interesa?
En primer lugar, ten en cuenta
el valor que tuvo el niño
para llamarte y piensa en sus
sentimientos. Lo más fácil y
amable es agradecer la llamada
y decirle que ya tienes otros
planes. Si insiste en invitarte a salir,
tendrás que ser un poco más
directa en cuanto a las razones
para rechazar la cita.

¿¿¿Qué me pongo???

Infórmate bien sobre el tipo de invitación para escoger la ropa. No importa el plan, debes estar bien presentada, con ropa limpia, bien peinada y con los dientes lavados. La limpieza es muy importante en el caso de las citas. Trata de estar lista a tiempo, nada más antipático que hacer esperar. Si estás retrasada, avisa.

La cuenta, por favor

Salir cuesta plata, así que ahórrate un mal momento y averigua primero quién va a pagar qué. Por lo general, quien hace la invitación es quien paga, a menos que se acuerde algo diferente con anterioridad. Sé sincera sobre lo que estás en capacidad de pagar.

Idealmente, no deberías salir de tu casa sin algo de dinero en el en el bolsillo, así tú seas la invitada. Nunca se sabe qué cosa inesperada pueda ocurrir durante la salida o si, de pronto, a tu pareja no le alcanza la plata que lleva y necesita que tú le des una mano.

¿Nerviosa yo?

Si la cita es importante, es natural sentirse nerviosa pero respira profundo y trata de relajarte. Sonríe, mira a los ojos y saluda. Es de buena educación y puede ayudar a relajar la tensión decirle que se vé bien o ponderarle algo de lo que lleva.

¡Yo abro!

Tus papás deben conocer a la persona con que vas a salir. Invítalo a saludarlos. Es parte de salir contigo. Si llega por tí y no va hasta la puerta, te llama al celular o empieza a pitar, alístate para que tus papás tengan una pésima primera impresión.

JUEGO DE AMOR

1. Escribe los números del 1 al 11 en una columna.

2. A los lados de 1 y 2 escribe tus números favoritos.

3. A los lados de 3 y 7 escribe los nombres de dos niños que te gusten.

4. A los lados de 4, 5 y 6 escribe nombres de amigos o familiares.

5. A los lados de 8, 9, 10 y 11 escribe nombres de canciones que te gusten.

¡AHORA PIDE UN DESEO!

Ahora interpreta tus escogencias así: 1 es el número de personas a las que tienes que enseñarles el juego para que se te cumpla tu deseo. 2 es tu número de la suerte. 3 es tu alma gemela. 4 es tu mejor amigo. 5 es la persona que te conoce mejor. 6 es tu estrella de la suerte. 7 es un amor imposible. 8 es la canción que te recuerda a tu alma gemela. 9 es la canción que te recuerda a tu amor imposible. 10 es la canción con la que te identificas. 11 es la canción que habla de cómo te sientes en la vida.

Con los crespos hechos

Si alguien que te ha invitado a salir o pedido que se encuentren en alguna parte no aparece, es normal que te sientas ofendida y desilusionada.

Algunas veces se presentan emergencias o suceden cosas que están fuera de control. Pero si al cabo de media hora no te han llamado a explicar el retraso, lo más probable es que te hayan dejado metida. ¿Qué hacer?

🌱 Llama y pregunta qué pasó. Por respeto mereces unas disculpas y una explicación.

🪨 Sacúdete. Llama a una amiga y sal de todas maneras, así tu ego esté golpeado.

Nunca dejes plantado a nadie. Es el tope de la mala educación. Si no quieres ir, no aceptes. Si te enfermas, llama y cambia de día.

¿Sabías que mi sección de la página web www.cosasdeninas.com está llena de temas de amor, quizzes, juegos y tips para ti? ¡No te la pierdas!

La tan esperada cita

Trata de pasarla bien y de aprovechar el momento, independientemente del plan. La buena conversación es clave en el éxito de una cita. Si quieres, puedes pensar con anterioridad en algunos temas de conversación para evitar esos momentos mudos que resultan tan incómodos. Una buena forma de conocer a los demás es hacerles preguntas y escuchar sus respuestas, siempre y cuando se haga de manera cordial, sin hacer que la otra persona se sienta como en un interrogatorio. Evita tocar temas tabú.

Aunque el niño que está al otro lado del salón sea el más churro del mundo, no es de buen gusto mirarlo todo el tiempo cuando estás en medio de una cita con otra persona.

¡Este reloj no anda!

Si te aburres en una cita, recuerda que quien te invitó lo hizo con buenas intenciones. No hagas que se sienta mal poniendo caras o soltando comentarios odiosos. Haz un esfuerzo y evita que la persona se dé cuenta de que estás pasando un mal rato. Si en el futuro te vuelve a invitar, recházalo con amabilidad.

¡No te pases de las...!

Tus papás deben decirte hasta qué hora puedes salir. Pero si no lo hacen, tú debes preguntarles para evitar problemas. Si por algún motivo se te hace tarde, llama y avisa. Pasarte de la hora pactada, puede acarrearte posibles restricciones en el futuro.

El alcohol y las drogas son tremendamente nocivos. Si por causa de ellos te sientes angustiada en una reunión, llama a tus papás o a un adulto en quien confíes para que te recojan. ¡Sacarlos de la cama por esta razón no será problema!

¡Nunca te subas a un carro si quien maneja ha consumido drogas o alcohol!

¿Quién te trae?

El amigo que te invitó a salir debería acompañarte hasta la puerta de tu casa y asegurarse de que entras sin problema antes de irse. Como la hora no es para visitas, no lo invites a entrar, a menos que tus papás estén en casa y te hayan dado permiso para hacerlo.

Oye, estuvo deli...

Si pasaste un buen rato, sería educado llamar al día siguiente y dejárselo saber. Si no está cuando lo llames, déjale el mensaje. Si te interesa volver a salir podrías llamar una vez más, pero no seguir llamando. La idea no es parecer ansiosa y terminar espantando al niño.

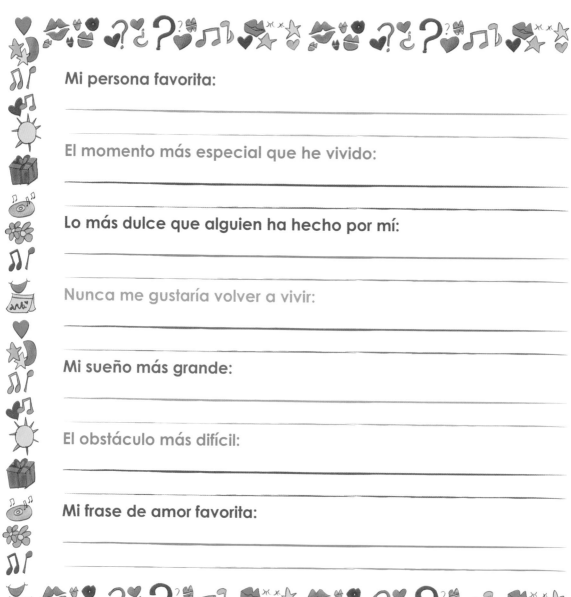

Mi persona favorita:

El momento más especial que he vivido:

Lo más dulce que alguien ha hecho por mí:

Nunca me gustaría volver a vivir:

Mi sueño más grande:

El obstáculo más difícil:

Mi frase de amor favorita:

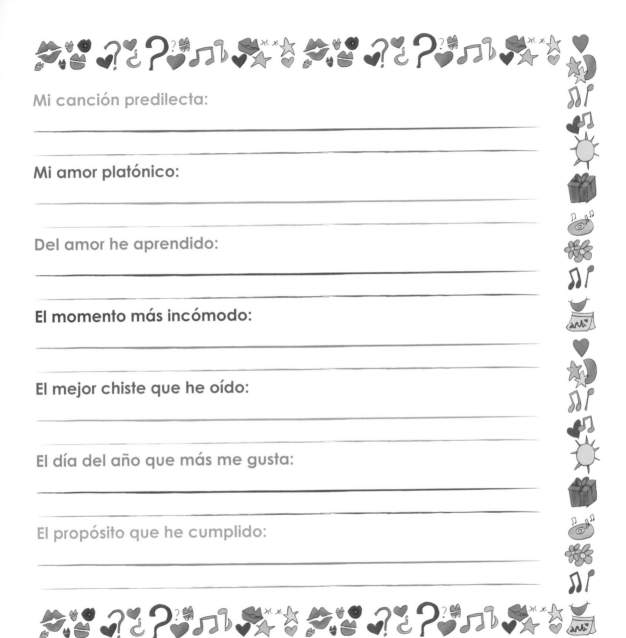

Mi canción predilecta:

Mi amor platónico:

Del amor he aprendido:

El momento más incómodo:

El mejor chiste que he oído:

El día del año que más me gusta:

El propósito que he cumplido:

Bájale a la intensidad

Por maravillosas que sean, las relaciones no deben absorberte del todo. No dejes de pasar tiempo con tus amigos y tu familia. Una relación que trate de acaparar todo tu tiempo y hacerte dejar a los amigos es demasiado intensa a cualquier edad.

Los celos son parte de la vida, pero una relación con alguien en extremo celoso es invivible. Todos necesitamos nuestro espacio, independientemente de la relación.

Si en algún momento alguien se atreve a ponerte una mano encima con violencia, aléjalo de tu vida en ese mismo instante. ¡No hay excusa para la violencia!

Si alguien te toca y te hace sentir incómoda, haz que se detenga. Recuerda que tú eres la única dueña de tu cuerpo. ¡Nadie más!

Hasta aquí llegó el amor

Algunas veces las cosas no
se dan y hay que terminar la
relación. La mejor forma de
hacerlo es siendo honesta y
diciéndoselo directamente a
la persona, antes que a nadie.
Nunca será fácil, así que cuanto
más pronto, mejor. Pero:

- NO lo hagas por escrito
- NO lo hagas por e-mail
- NO mandes el mensaje con otro
- NO lo anuncies por altoparlante
- NO lo divulgues como un chiste

NOSTALGIAS MUSICALES

Los olores y la música tienen el inmenso poder de transportar en el tiempo a las personas. Aprovecha la inspiración que te da el melancólico final de una relación para hacerte un disco o un *playlist* de las canciones favoritas de los dos. Si lo guardas por un tiempo, verás cómo no solo lograste hacer una súper selección de canciones sino de los buenos recuerdos de la relación.

Las autoras agradecen a todas las niñas que compartieron con ellas sus juegos y pasatiempos favoritos para incluirlos en este libro, y a aquellos mayores —en especial al tío George de Jennie— que, desde que éramos niñas, nos inculcaron esas normas de etiqueta que tanto nos han servido en la vida.

Libro creado, desarrollado y editado en Colombia por Villegas Asociados S. A.,
Avenida 82 n.º 11-50, interior 3
Bogotá D. C., Colombia.
Conmutador 57.1.6161788
Fax 571.1.6160020
Email: informacion@VillegasEditores.com

Textos: María Villegas y Jennie Kent
Ilustraciones: Caterina Arango
Diseño: Andrea Vélez
Diagramación: Juan Manuel Amórtegui
Revisión de estilo: Stella Feferbaum
Asistente editorial: Ivonne García

Primera edición agosto de 2009
ISBN 978-958-8306-39-1

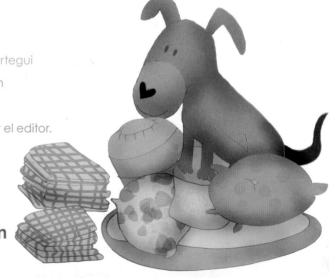

www.cosasdeninas.com